Liebe Glücksuchende,

genau genommen ist die gesamte Küste der nördlichen Adria ein einziger Glücksort. Glasklares Meer, kilometerlange, breite, einladende Sandstrände und ein vielseitiges Unterhaltungsprogramm garantieren optimalen Urlaubsspaß und beste Erholung. Die Gegend ist aber auch reich an kulturgeschichtlichen Sehenswürdigkeiten. So laden Städte wie beispielsweise Ravenna mit seinen zauberhaften Mosaiken, Anconas quirlige Altstadt oder Riccione mit seinen herrschaftlichen Jugendstilvillen zu erlebnisreichen, unterhaltsamen Entdeckungstouren ein.
Im Hinterland beglücken hingegen versteckte Kleinode wie zum Beispiel der charmante mittelalterliche Ort Mondolfo mit Kunst zum Nulltarif oder ein Spaziergang durch das traumhaft schön gelegene Mondaino. Und genau diese wunderbar abwechslungsreiche Vielfalt fasziniert mich an dieser herrlichen italienischen Region. Glück präsentiert sich an der nördlichen Adria eben in unterschiedlichen Varianten und in einer immensen Vielfältigkeit, sodass jeder seinen ganz persönlichen Glücksort findet – versprochen! Und nun wünsche ich recht viel Spaß bei der individuellen Glückssuche.

Ihre Heide Geiss

GLÜCK

Deine Glücksorte ...

... noch mehr Glück für dich

Kleine Meerjungfrau

1 Die Penelope-Statue am Hafen von Senigallia

Senigallia, mit 13 Kilometern golden schimmerndem Sandstrand und der trutzigen Festung Rocca Roveresca aus dem 15. Jahrhundert, macht seine Gäste mit allem glücklich, was zu einem gelungenen Urlaub gehört. Beim entspannten Spaziergang an der Promenade von Porto di Levante reibt man sich erstaunt die Augen, denn der Blick bleibt bei der „Kleinen Meerjungfrau" hängen. Doch Moment mal – verschönt diese zierliche Dame aus Bronze nicht die Promenade des Kopenhagener Hafenviertels? Genau! Dort sitzt die weltberühmte Meerjungfrau, in Anlehnung an das Märchen von Hans Christian Andersen, auch noch immer.

Wer jedoch in Senigallia seit 2004 so sehnsüchtig auf das Meer schaut, ist Penelope, die rund 20 Jahre lang auf die Rückkehr ihres berühmten Mannes Odysseus wartete, des Helden in Homers Epos. Geschaffen wurde diese Figur, die mit dem Felsblock verschmolzen zu sein scheint und von Einheimischen liebevoll „Meerjungfrau" genannt wird, von dem italienischen Künstler Gianni Guerra. Der Bildhauer befestigte bei der Einweihung ein lucchetto d'amore, ein sogenanntes Liebesschloss, an einer unter der Statue angebrachten Kette und warf den dazugehörigen Schlüssel ins Meer. Diese Geste besaß starke Ausdruckskraft, da der aus Italien stammende Brauch für unzertrennliche Freundschaft und die ganz große Liebe steht. Es heißt, dass die hübsche Penelope zuverlässig helfen kann, die ganz große Liebe zu finden. Sie verkörpert den tief empfundenen Wunsch, dass diese Liebe auch ewig anhalten möge.

Das große Glück mit einem anderen Partner zu finden, ist nicht immer leicht. Wer bei der Bronzefigur sein persönliches Hängeschloss anbringt, erhöht jedoch immens seine Chancen auf das große Glück! Blickt man auf die vielen Liebesschlösser, die Penelope sorgsam und zuverlässig bewacht, scheint diese Tradition auch tatsächlich zu funktionieren.

TIPP

Donnerstags ist Markttag in Senigallia. Überall werden hierfür Buden (Food und Non-Food) aufgebaut.

● Penelope-Statue, Banchina di Levante, 60019 Senigallia

Was für ein Empfang

2

Die Piazzale Roma vor dem Bahnhof in Venedig

Von den über 400 Brücken Venedigs ist die rund 3,6 Kilometer lange Eisenbahn- und Straßenbrücke Ponte della Libertà (Brücke der Freiheit) die wichtigste, da sie das Festland mit der Altstadt verbindet. Nach einem kurzen Stopp am Bahnhof Mestre rattert der Zug über die Brücke in Richtung Sehnsuchtsziel. Die ohnehin schon große Vorfreude wächst ins schier Unermessliche.

Und dann ist es endlich so weit! Mit quietschenden Bremsen erreicht der Zug den einzigen Bahnhof Venedigs: Der moderne, minimalistisch gehaltene Kopfbahnhof Santa Lucia verfügt über 14 Gleise und wurde zwischen 1861 und 1863 erbaut. Seinen Namen erhielt er von der ehemaligen Chiesa Santa Lucia, die 1861 unter großem Protest der Bevölkerung abgerissen wurde, um Raum für den Bahnhofsbau zu schaffen.

Die Aussicht nach dem Verlassen des grauen Bahnhofsgebäudes an der Piazzale Roma ist so grandios, dass einem schier der Atem stockt. Ein absolut magischer Moment! Der Blick fällt sofort auf den nahen majestätischen Canal Grande, die Hauptschlagader der Stadt.

Am gegenüberliegenden Ufer erhält man gleich einen Vorgeschmack auf das, was Venedig so unvergleichlich macht: prächtige historische Palazzi aus unterschiedlichen Epochen und architektonische Highlights wie die Chiesa di San Simeon Piccolo direkt gegenüber dem Bahnhof. Staunend betrachtet man das dargebotene Schauspiel und bekommt ein Gespür dafür, warum Venedig als schönste Stadt der Welt gilt. Welch großes Glück, diese Herrlichkeit erleben zu dürfen! Geleitet von eigenen Glücksgefühlen führt der erste Weg in die Chiesa di Santa Maria di Nazareth, um sich bei der dortigen Heiligen für diesen beeindruckenden Empfang zu bedanken. Ein kurzes Innehalten, vielleicht ein stilles Zwiegespräch – dann ist man bereit, der Königin der Adria seine respektvolle Aufwartung zu machen!

TIPP

Direkt gegenüber vom Bahnhofsausgang Tickets für die Vaporetti kaufen und gleich starten.

- Piazzale Roma, 30100 Venezia
- ÖPNV: Vaporetto 1, 2, Haltestelle Piazzale Roma

Mystisches Funkeln

3

Im Mausoleum in der Altstadt von Ravenna

Ravenna gilt zu Recht als „Hauptstadt der antiken Mosaike" und überzeugt mühelos mit mehreren byzantinischen Kunstwerken, die alle auch zum UNESCO-Weltkulturerbe zählen: beispielsweise die Mosaiken in der Cappella di Sant'Andrea und in dem Battistero Neoniano. Die unzähligen Steinchen perfekt zu diesen herrlichen Bildern zu formieren, erforderte den Einsatz einzigartiger Arbeitstechniken, Fachwissen sowie absolute Vorstellungskraft und Geduld. Das Resultat sind beinahe überirdisch schöne Kunstwerke, die bei ihrer Betrachtung staunend glücklich machen. Bedeutsam bei diesen byzantinischen Mosaiken ist die unregelmäßige und unterschiedliche Neigung des verwendeten Materials, da erst dank dieser handwerklichen Raffinesse die gewünschten Farb- und Lichteffekte entstehen. Dies wiederum suggeriert Tiefe und Dreidimensionalität.

Eines der schönsten Beispiele prachtvoller Steinbilder und zugleich das älteste der Stadt findet man im Mausoleum Galla Placidia (um 390 bis 450). Placidia war eine Tochter des römischen Kaisers Theodosius I. und Kaiserin. Wenn man das unscheinbare kleine Bauwerk, das glücklicherweise von einer jahrhundertealten Platane beschützt wird, von außen betrachtet, ahnt man noch nicht, was einen drinnen erwartet: eine andere Welt, die verzaubert und tiefe Glücksgefühle auslöst.

TIPP

In der Snackbar GiroBussola in der Via Zirardini 10 gibt es köstliche Salate und Paninis.

Beim Betreten wird man von einem faszinierenden Farbenmeer empfangen. Am kobaltblauen Himmel im Deckengewölbe funkeln unzählig viele weiß-goldene Sternchen (für die, die nicht das Zählen beginnen möchten – es sollen rund 800 sein). Durch 14 Fenster aus Alabaster fällt mystisches Licht, das die Farben noch stimmungsvoller zur Geltung bringt. Diese beinahe atemberaubende Schönheit zu erleben, macht durch und durch glücklich. Die hier herrschende spirituelle Stille lädt zum Innehalten ein. Ein magischer Ort von unfassbarer Ausstrahlung, der zutiefst berührt – wunderbar!

● Mausoleo di Galla Placidia, Via San Vitale 17, 48121 Ravenna, Tel. +39 (05 44) 54 16 88, www.ravennamosaici.it
● ÖPNV: Bus 90, 195, Haltestelle Via Antico Squero

Eine Treppe als Kunstwerk

4

Die Trepponti-Brücke von Comacchio

Nur wenige Adria-Urlauber kennen das hübsche Städtchen Comacchio. Ein Fehler, denn der Ort bietet alles, um seine Besucher zu verzaubern und glücklich zu machen! Sind es in der Serenissima die Gondeln, so verfügt Comacchio über sogenannte Batane – traditionelle Fischerboote mit flachem Kiel –, auf denen die Kanäle im Rahmen unterhaltsamer Rundfahrten befahren und erkundet werden können. Naturliebhaber besuchen das riesige, unvergleichlich schöne Naturschutzgebiet im Po-Delta. In dieser einzigartigen Landschaft gibt es über 970 Pflanzenarten, rund 320 Vogelarten, Flamingos und – mit etwas Glück – sogar wilde Pferde zu entdecken. Absolutes Muss für einen erholsamen Urlaub an der Adria sind natürlich die breiten Sandstrände, von denen Comacchio sieben auf einer Länge von knapp 30 Kilometern anbietet. Von den rund 23.000 Einwohnern, die als bodenständig, naturverbunden und Fremden gegenüber sehr offen gelten, verdienen viele ihr Geld wie früher mit dem Fischfang, hauptsächlich Aalen. Die bestens erhaltene, entzückende Altstadt lädt zu einem gemütlichen, genussvollen Bummel ein. Besonders charmant ist solch ein entschleunigender Spaziergang am Abend, wenn die historischen bunten Häuserfronten erleuchtet sind – sehr romantisch! Comacchios Wahrzeichen stammt aus dem Jahr 1638 und ist eine architektonische Rarität von überwältigender Schönheit: die Trepponti-Brücke. Sie wurde genau über der Stelle errichtet, an der drei Kanäle zusammenfließen. Daher laden auch fünf Treppen ein, das Bauwerk für sich zu entdecken. Von dem Plateau hat man einen tollen Ausblick auf die umliegende Gegend. Welche Treppe man für den Auf- und späteren Abstieg wählt, kann individuell entschieden werden. Wie im richtigen Leben auch gibt es hier Alternativen. Unabhängig davon, welche man realisiert: Wichtig ist, eine Entscheidung zu treffen. Oder, frei nach dem römischen Kaiser Marc Aurel: „Man ist nie unglücklich mit dem, was man getan, sondern immer mit dem, was man nicht getan hat.“

TIPP

Im Gebäude bei der Brücke findet jeden Morgen ein Fischmarkt statt – sehens- und hörenswert.

● Trepponti-Brücke, Via della Cornica oder Via della Peschiera, 44022 Comacchio

Viva l'Amore

5 Die Liebende in der Altstadt von Cervia

In Cervia, dem hübschen Urlaubsort an der Adria, hat man an alles gedacht, um Erholungssuchende glücklich zu machen. Blaue Flaggen wehen über herrlichen Sandstränden und verkünden stolz: Hier ist das Meerwasser sauber, der Strand ebenso und hier wird nachhaltiger Tourismus geboten, der großen Wert auf Umweltschutz legt. Wer möchte, unternimmt einen Bootsausflug zu den historischen Salzwiesen oder besucht das Thermalbad in der Via Forlanini 16.
Wer moderne, glücklich machende Märchen liebt, ist in Cervia ebenfalls goldrichtig, denn hier liegt Liebe in der Luft. Mitten in dem reizvollen Städtchen befindet sich ein Ort, der von der ganz großen Liebe erzählt, die es nur einmal im Leben gibt. Er wird bevorzugt von all jenen aufgesucht, die sich vom hier herrschenden Spirit inspirieren lassen und ihn in sich aufsaugen: die zauberhafte, 2008 eingeweihte Fontana dell'Amore.

TIPP
Jedes Jahr im Mai findet in Cervia das Drachenfest statt, mit Drachen aus aller Welt.

Der sogenannte Liebesbrunnen wurde von einem Deutschen gestiftet, der hier jahrzehntelang mit seiner Frau Angelika sehr glückliche Urlaubszeiten verlebte. Nach dem viel zu frühen Tod der Gattin im Jahr 2001 beschloss der Ehemann, der Stadt einen Brunnen zu stiften, der an seine Frau und die gemeinsam erlebten glücklichen Zeiten erinnern soll. Der Bildhauer Daniel Prapone ließ sich bei der Schaffung der Brunnenfigur, einer Art Seejungfrau, die das Antlitz von Angelika trägt, von den vier Elementen Wasser, Feuer, Erde und Luft inspirieren.
Der sprudelnde Brunnen symbolisiert aber auch die Freundschaft zwischen Italien und Deutschland. Der Liebesbrunnen, auch Angelika-Brunnen genannt, ist ein bewegender Ort voller Symbole, einer zu Herz gehenden Liebesgeschichte und vielleicht auch eine Gelegenheit, dem oder der Liebsten mal wieder ins Ohr zu flüstern: Ich liebe dich.

● La Fontana dell'Amore, Viale Roma 3, 48015 Cervia

Balkon über dem Meer

6 Burggarten in der Bastione in Mondolfo

Wenn es am Strand zu heiß ist und kein Wind für ersehnte Erfrischung sorgt, empfiehlt sich ein Tagesausflug ins Hinterland. Dort, in rund 400 bis 500 Metern Höhe, weht meistens eine leichte, angenehme Brise, die die Hitze erträglicher macht. So wie im zauberhaften Ort Mondolfo. Komplett von einer massiven historischen Stadtmauer umgeben, thront die Stadt mit rund 14.300 Einwohnern malerisch auf den grünen Hügeln über dem Fluss Cesano. Mondolfo verwöhnt mit erstaunlich vielen Sehenswürdigkeiten, was man auf den ersten Blick gar nicht vermuten würde.

Eines der Highlights ist der wundervolle, prächtige Garten Il Giardino Martiniano in der architektonisch spannenden Bastione Sant'Anna. Die historische Orangerie mit ihren gleichmäßig gestalteten Bögen rahmt malerisch an einer Seite die grüne Oase ein und ist während der Sommermonate perfekte Kulisse für kulturelle Veranstaltungen und interessante Ausstellungen. Inmitten des bunten, duftenden Blütenmeeres laden Ruhebänke zu einer erholsamen Rast ein. Der Einladung darf man getrost folgen, denn der Garten entpuppt sich als zauberhaftes Stück Eden mit grandiosen Weit- und Panoramablicken, die über hügelige Landschaft, charmante Dörfer bis hin zur blau glitzernden Adria reichen. Schon dieser beeindruckenden Aussichten wegen lohnt sich hier eine Pause.

TIPP

In der Bäckerei Pucci in der Via Mazzini 11 gibt es die „Dolcetti di Sant'Anna", eine ortstypische Keksspezialität.

Der ehemalige Ziehbrunnen in der Gartenmitte ist heute Ort für verschwenderisch wachsende Blütenträume. Feuerrote und pinkfarbene Rosen stehen in herrlichem Kontrast zu den alten sonnengelben Häuserfronten hinter dem Garten. Die romantischen Kieswege bieten sich zum Lustwandeln an. Vögel zwitschern in den Bäumen und tauschen angeregt Neuigkeiten aus. Die Luft scheint hier oben frischer und klarer als anderswo zu sein und macht Lust auf tiefes, bewusstes Ein- und Ausatmen. Genau so stellt man sich das Paradies vor.

● Bastione Sant'Anna, Via Vandali, 61037 Mondolfo, www.castellodimondolfo.it

Was für ein Käse

7 Formaggio di Fossa aus Mondaino

Seit 1773 verläuft mitten durch den hübschen Ort Mondaino eine Grenze. Der eine Ortsteil gehört noch zur Region Emilio Romagna, der andere zu der Region Marken. Daher ist hier alles doppelt vorhanden: zwei Rathäuser, zwei Fußballclubs und zwei Dialekte.

Auch kulinarisch weist Mondaino eine außergewöhnliche Spezialität auf: den „Formaggio di Fossa" (fossa = Grube), ein herzhafter, halbfester Käse, unter anderem zubereitet aus Schafsmilch, geschmacklich dem Peccorino etwas ähnlich. Produziert wird in der historischen Mühle Il Mulino della Porta di Sotto, einem Familienbetrieb bei der Porta Montanara. In der Mühle können – neben den Käsespezialitäten – auch andere regionale Produkte wie beispielsweise hochwertiges Olivenöl, Biohonig, Cervia-Salz und Biomarmeladen erworben werden. Ferner werden Führungen mit Verkostungen durch die alten Gewölbe der Mühle aus dem 16. Jahrhundert sowie Sightseeing-Touren durch Mondaino angeboten.

Die Käselaibe werden seit über 500 Jahren in unveränderter Art und Weise hergestellt. Sie reifen meist mehrere Monate lang auf Stroh in rund 3 Meter breiten und tiefen, fest verschlossenen Tuff- und Sandsteinhöhlen, die am 25. November eines jeden Jahres wieder geöffnet werden. So will es die Tradition! Der rindenlose, enzymreiche Fossa-Käse mit seiner charakteristischen weißen bis goldgelben Farbe und dem geringen Laktosegehalt wird wegen seines pikanten, leicht buttrigen Geschmacks von den Einheimischen sehr geschätzt.

Er ist in der regionalen Küche vielseitig verwendbar: beispielsweise in einer Piadina (Weißbrotfladen) oder einer Polenta, als Suppeneinlage, zum Gemüse oder einfach zu einem Glas Rotwein. Der Geschmack dieser Spezialität ist sehr ungewöhnlich (im positiven Sinn) und mit keiner anderen Käsesorte zu vergleichen. Dieser lukullische Ausflug in die Welt unterschiedlichster Aromen ist ein spannendes Abenteuer, das selbst verwöhnte Gaumen verblüfft und glücklich macht.

TIPP

Im Weingut La Cantinetta del Pellegrino in der Vicolo Le Mura 2 findet man zum Käse passende Weine.

● Formaggio di Fossa, Il Mulino della Porta di Sotto, Via Roma 134, 47836 Mondaino, Tel. +39 (3 39) 8 64 29 85, www.portadisotto.it

Sehen und gesehen werden

8

Auf der Flaniermeile Viale Ceccarini in Riccione

„La Perla Verde dell'Adriatico" (Grüne Perle der Adria) wird der quirlige Badeort Riccione wegen seiner vielen Grünanlagen und blühenden Gärten genannt. Das Städtchen präsentiert sich mondäner und schicker als seine beiden Nachbarorte Rimini im Norden und das südliche Cattolica. Der raffinierte Mix aus nostalgischer und moderner Architektur fasziniert und macht die Stadt zu etwas ganz Besonderem.

Prunkvolle Villen und Paläste aus dem 19. und beginnenden 20. Jahrhundert erzählen von der puren Eleganz Ricciones und seiner Attraktivität für die ehemals betuchte europäische Aristokratie. Zum Glück haben die Zeiten sich verändert und jeder Erholungssuchende kann heute hier einen entspannten Urlaub genießen.

Ein Beispiel moderner Architektur ist der 2008 eingeweihte Palazzo dei Congressi in der Viale Virgilio, ein beeindruckendes optisches Zeugnis aus perfektem Zusammenspiel von Glas und Stahl.

Ein weiteres Highlight, das einfach glücklich macht, ist die Viale Ceccarini, heute nobelste Flaniermeile der Stadt, die an der Piazzale Roma beginnt. Am 11. Oktober 1912 wurde die Straße nach Maria Boorman Ceccarini benannt, einer Wohltäterin für die bedürftige Bevölkerung. Bis die elegante Viale zum heutigen Hotspot in Sachen Shopping wurde, erweiterte man sie 1925 und pflanzte zwei Jahre später die ersten 110 Pinien, die sich zu Schatten spendenden Prachtexemplaren entwickelt haben.

Edle Bekleidungsgeschäfte führender Designer, schicke Schuh- und Schmuckläden sowie Galerien reihen sich aneinander, nur unterbrochen von Cafés, Bars und Restaurants. Sehen und gesehen werden lautet hier das interne Motto. Daher einfach in einem der Cafés Platz nehmen und das elegante Defilee der Schönen und Reichen genießen – als stiller Beobachter eines erlebnisreichen Theaterstücks, das tagtäglich aufs Neue ebenso perfekt wie unterhaltsam inszeniert wird.

TIPP

Unter www.riccione-intreno.it findet man gute Angebote für Zugreisende.

● Viale Ceccarini, beginnt an der Piazzale Roma, 47838 Riccione

Echten Alltag erleben

9 Historische Piazza in der Altstadt von Mestre

Mestre, einer von Venedigs sechs Stadtteilen, liegt auf dem Festland. Der Bummel durch den Altstadtkern ist eine wahre Entdeckungsreise. Zu finden ist hier beispielsweise die barocke Chiesa di San Lorenzo mit einer Orgel aus dem Jahr 1800 an der Piazza Ferretto. Daneben trifft man auf die Scuola dei Battuti, die älteste Schule in Mestre (1302), die sich in einem Gebäude aus dem 15. Jahrhundert befindet. Der mächtige Glockenturm Torre dell'Orologio an der Piazza Erminio Ferretto gehörte einst zu den mächtigen Befestigungsanlagen des Stadtteils.

Die Piazza, seit 1985 Fußgängerzone, existiert bereits seit dem Mittelalter und bildet das Herz des historischen Städtchens. Hier pulsiert das echte italienische Leben. Reich verzierte bunte Häuserfassaden aus verschiedenen Jahrhunderten rahmen den zauberhaften, weitläufigen Platz malerisch ein und verleihen ihm majestätische Grandezza (Größe). Elegante Geschäfte, Cafés, Bars und Restaurants säumen den lebendigen Platz. Namensgeber des Platzes, der früher Piazza Umberto und Piazza Maggiore hieß, ist der 1944 von Faschisten getötete Freiheitskämpfer Erminio Ferretto.

Wie es sich für einen architektonisch perfekt gestalteten Mittelpunkt eines Ortes gehört, schmückt die Mitte des Platzes ein plätschernder Brunnen mit der vergoldeten Bronzefigur Nude.

Wer in einem der netten Cafés Platz nimmt, kann von dort aus in aller Ruhe und völlig entspannt den italienischen Alltag beobachten: Auf den Bänken sitzen ältere Damen, stricken und plaudern angeregt miteinander. Ältere Herren stehen in kleinen Grüppchen zusammen und tauschen Neuigkeiten aus dem Städtchen aus. Lachende Kinder spielen mit immensem Eifer Fußball und träumen dabei vielleicht von der großen Sportlerkarriere. Es macht unwahrscheinlich viel Spaß, das Dolce Vita live erleben zu dürfen. Diese pulsierende Lebensfreude steckt an und macht glücklich. Denn wie so oft liegt das Glück in den einfachen Dingen.

TIPP

Mestre ist für seine leckeren Fischgerichte, vor allem Aalspezialitäten bekannt.

- Piazza Erminio Ferretto, 30100 Venezia
- ÖPNV: Bus 32H, Haltestelle Rocco Bruno

Da Vincis Werk

10

Am Porto Canale in Cesenatico

Allein schon wegen seiner vielfältigen Angebote an Gastronomie, Freizeit und Sport ist der einstige Fischerort Cesenatico samt seinem rund 7 Kilometer langen Strand ein einziger Glücksort. Stolz weht hier die Blaue Flagge, ein Gütesiegel für sauberes Wasser. Die zauberhafte Altstadt wird von dem Porto Canale, einem historischen, rund 1 Kilometer ins Land reichenden Hafenkanal durchkreuzt.
Der bedeutendste Künstler der Renaissance, Leonardo da Vinci (1452–1519), löste 1502 das Problem der wachsenden Versandung der Hafeneinfahrt: Statt in gerader Linie legte das Universalgenie den Kanal in einer Art Zickzackform an. In den alten Fischerhäusern beidseits des Wassers sind heute zahlreiche Restaurants, Cafés, Eisdielen und Bars angesiedelt.

TIPP

Im Advent gibt es auf den historischen Segelbooten vor dem Museum eine lebensgroße Krippe zu bewundern.

In dieser abwechslungsreichen Umgebung könnte man den ganzen Tag verbringen. Los geht's ganz in der Früh, wenn die rund 70 Fischer mit ihren beladenen Kuttern am Kanal festmachen und ihre Meeresbeute von Bord bringen. Dann genehmigt man sich in einer der Bars einen leckeren Caffè, dazu ein Cornetto. Weiter geht's zum Museo della Marineria, das interaktiv über die Geschichte des Ortes informiert. Vor dem Gebäude ankern im Kanal traditionelle bunte Fischerholzboote und bilden somit das einzige schwimmende Museum ganz Italiens. In den Sommermonaten werden die bunten Segel mit den jeweiligen Symbolen der alten Fischerfamilien gehisst – ein traumhaft schöner Anblick, der nicht nur die Herzen von Seglern höherschlagen lässt. Wer vom Laufen müde geworden ist, kann mit einer kuriosen Minifähre auf die andere Kanalseite überwechseln. In einem der gemütlichen Fischerlokale mit Terrasse direkt am Wasser kann man den Tag perfekt ausklingen lassen. Auf den Teller des Gastes kommt das, was noch in der Früh im Meer geschwommen ist, frischer geht's nicht. Dazu die laue Luft des Sommerabends – und plötzlich durchströmt es einen, das legendäre Dolce Vita, das durch und durch glücklich und zufrieden macht.

- Porto Canale, 47042 Cesenatico
- ÖPNV: Bus 2CO, Haltestelle Carducci

Wie aus 1001 Nacht

11 Il Tappeto Sospeso am Hafen in Cervia

Gute 9 Kilometer lang sind die blütenweißen Sandstrände zwischen Cervia und Milano Marittima. Cervia ist aber auch für seine kulinarischen Spezialitäten bekannt, wobei an erster Stelle das „süße Salz" zu nennen ist, das hier seit Jahrhunderten gewonnen und wegen seines ganz besonderen Geschmacks sehr geschätzt wird. Für den kleinen Hunger empfiehlt sich der Besuch eines der zahlreichen „Chioschi di piadina" (Fladenbrot-Kiosk), die Piadine mit unterschiedlichen Füllungen anbieten. Dazu vielleicht ein Gläschen des legendären Sandweines, eine regionale Spezialität, bei der die Reben im Sand gedeihen. Aus den herrlich duftenden, jahrhundertealten Pinienwäldern, die gleich hinter den Stränden beginnen, stammt köstlicher Honig.

Eine weitere Besonderheit, die Cervia seinen Gästen bietet, ist ein echter fliegender Teppich: 1997, am 300. Geburtstag von Cervia Nuova, wurde der vom Mosaikkünstler Tonino Guerra geschaffene Fantasiebrunnen Il Tappeto Sospeso (schwebender Teppich) am Porto Canale eingeweiht. Der 15 Quadratmeter große „Teppich", aus farbenfrohen Mosaiksteinchen filigran gestaltet, scheint auf einer Wolke sprudelnden Wassers zu schweben und ist reich an glücklich machender Symbolik: Die beiden Salzhügel auf dem Teppich stehen für Geschichte und Tradition der „Stadt des Salzes". Das Mosaik erinnert an die byzantinische Welt und damit automatisch an die zauberhaften Mosaiken in Ravenna. Die Möglichkeit, mit dem Teppich fliegen zu können – und sei es auch nur gedanklich –, steht für die Offenheit der Einheimischen, neue Wege und neues Wachstum auszuprobieren. Wer sich eine kurze Pause auf einer der Bänke an diesem ungewöhnlichen, kreativen Ort gönnt, kann seine eigene Reise auf dem fliegenden Teppich unternehmen: Wohin möchte man gerne fliegen oder wen möchte man auf seine Reise mitnehmen? Daher bitte einfach aufsteigen und den Gedanken freien Lauf lassen. Denn Glück ist das Zusammentreffen von Fantasie und Wirklichkeit.

TIPP

In der Gelateria Jolly in der Viale Alfredo Oriani 25 unbedingt das Pistazien- und Mascarponeeis probieren.

- Il Tappeto Sospeso, Piazzale dei Salinari, 48015 Cervia
- ÖPNV: Bus F041, Haltestelle Paratoie

Auf die Freiheit

12 Piazza della Libertà in San Marino

Rund 20 Kilometer westlich von Rimini befindet sich eine einmalige Attraktion: der kleinste und älteste Staat der Welt. Malerisch auf dem rund 750 Meter hohen Monte Titano gelegen, verteilt sich die Republica di San Marino mit gleichnamiger Hauptstadt auf einer Fläche von 60,57 Quadratkilometern. Alle sechs Monate werden die beiden Staatsoberhäupter (ebenfalls eine Besonderheit!) neu gewählt.
Bei einem Spaziergang durch das malerische Städtchen San Marino (UNESCO-Weltkulturerbe) mit seinen drei markanten Wehrtürmen herrscht heitere Stimmung. Das Leben scheint hier oben leichter und glücklicher zu verlaufen. Das liegt zum einen an der Fröhlichkeit der Bevölkerung, die sich sehr wohl ihrer einmaligen Sonderstellung bewusst ist. Zum anderen an dem absolut traumhaften Panaromablick, den man von vielen Stellen aus genießen kann und der am Horizont bis zum glitzernden Meer reicht. Aber Hauptursache für die positive Lebenseinstellung ist sicherlich die Tatsache, dass die San-Marineser sich im Laufe ihrer Geschichte immer ihre Freiheit erhalten konnten. Darauf sind sie sehr stolz. Sogar Napoleon Bonaparte war von dem tief verwurzelten Freiheitswillen derart beeindruckt, dass den Einwohnern glücklicherweise nichts geschah.
Von der Piazza della Libertà (Platz der Freiheit) aus genießt man den imposanten Ausblick auf die umliegende Hügellandschaft der Emilia-Romagna. Sehenswerte historische Gebäude wie der Palazzo Pubblico beschützen auf drei Seiten. Auf dem aparten Platz ist die leichte Atmosphäre des Städtchens besonders gut zu spüren und zu erleben. Vielleicht trägt hierzu auch die imposante Statua della Libertà (Freiheitsstatue) bei. Von den San-Marinesen hoch verehrt, ist sie aus Carrara-Marmor gefertigt und Symbol für Selbstbestimmung und Freiheit des Zwergstaates – beides Garanten für ein glückliches Leben, wie hier zu sehen ist. Doch Freiheit braucht Mut, verspricht dafür aber auch mehr Glück. Einfach mal ausprobieren, funktioniert auch außerhalb San Marinos.

● Piazza della Libertà, 47890 San Marino

Was für ein Genuss

13 Zu Gast im Caffè Basili in Urbino

Federico da Montefeltro (1422–1482), ein erfolgreicher, vermögender Feldherr, brachte als Herzog von Urbino Kunst und Kultur in die Renaissancestadt. Sein Glanzstück war der Bau seiner fürstlichen Residenz, des überaus prächtigen Palazzo Ducale, in einem bis dahin nicht gekannten, luxuriösen Ausmaß. Aber das Gebäude diente nicht nur repräsentativen Zwecken. Es wurden auf diese Weise auch viele neue Arbeitsplätze geschaffen, die wiederum Handwerker aus allen Gewerken nach Urbino lockten. Als dann 1506 noch die Universität gegründet wurde, kamen auch Studenten in die ständig wachsende Stadt.

Heute sind 20.000 Studenten aus aller Welt immatrikuliert, die für frischen Wind in den mittelalterlichen Gassen sorgen. Zahlreiche gemütliche Kneipen, Bars und Trattorien lassen nie Langeweile aufkommen. Man trifft sich mit Gleichgesinnten auf der Piazza zu einem Kaffee oder abends auf einen Aperitivo, tauscht Neuigkeiten über das Universitätsleben aus und plant für das Wochenende Ausflüge.

TIPP Im Café sollte man unbedingt den hauseigenen Kräuterlikör probieren.

Einer dieser wunderbaren Treffpunkte ist das Caffè Basili, mit seiner imposanten Palastfassade unübersehbarer Platzhirsch an der schönen Piazza Repubblica. Die riesigen weißen Sonnenschirme auf der Terrasse und die historischen Arkaden bieten an heißen Sommertagen wohltuenden Schatten. Hier kann man etliche glückliche Momente erleben: Zum Frühstück genießt man hervorragenden Kaffee mit frischen Brioches, mittags locken preisgünstige Snacks und abends leckere italienische Gerichte zu studentenfreundlichen Preisen.

Aber das Café symbolisiert darüber hinaus noch sehr viel mehr: Hier lernt man – wenn man möchte – schnell und unkompliziert nette Leute kennen. In leichter, angenehmer Atmosphäre genießt man die gebotene Gastfreundschaft. Ein wundervoller Ort, an dem lockere und herrlich entspannte Stimmung herrscht, ein Ort, der einfach glücklich macht.

● Caffè Basili, Piazza della Repubblica 1, 61029 Urbino, Tel. +39 (07 22) 24 48

Caffè
itter
CAMPARI
l'aperitiv

Delfine und Seepferdchen

14 Brunnen auf der Piazza del Popolo in Pesaro

Es klingt wie die Wunschliste für den kommenden Urlaub: wehende Blaue Flaggen auf kilometerlangen Sandstränden, eine Altstadt mit historischen Gebäuden und ein Naturpark mit sensationellen Weitblicken. Doch Glück gehabt! Diese abwechslungsreiche Destination gibt es – Pesaro! Der Name der italienischen Kulturhauptstadt 2024 leitet sich von dem Lateinischen „Pisaurum" ab, einem Fluss, der bei Pesaro in die Adria mündet. Wie überall lohnt es sich, auch in diesem Ort auf Details zu achten, die nicht in jedem Reiseführer stehen, aber dennoch verzaubern.

Zu einer dieser kleinen, glücklich machenden Entdeckungen zählt der herrliche Brunnen La Pupilla di Pesaro, einer der vier historischen Brunnen der Stadt. Er befindet sich auf der Piazza del Popolo vor den verspielt-eleganten Arkaden des schönen Palazzo Ducale (Palast des Herzogs). Der 36-jährige Bildhauer Lorenzo Ottoni modernisierte den bereits bestehenden Brunnen und verzierte ihn mit maritimen Motiven. Im runden Becken, Symbol für das Meer, tummeln sich spielerisch Seepferdchen, Delfine und Muscheln als Sinnbilder für die Bewohner des nassen Elementes. Gefertigt wurde das Ensemble aus weißem istrianischem Stein und dem leicht orangefarbenen Veroneser Marmor.

TIPP

Die Pizzeria A Modo Bio in der Via San Francesco 38 bietet vegetarische und vegane Pizzen.

Wer sich am Brunnenrand niederlässt, kann dem unterhaltsamen spielerischen Treiben der barocken Meeresbewohner zuschauen. Ab und zu erwischen ein paar erfrischende Wassertropfen der schelmisch dreinschauenden Delfine oder der löwenähnlichen Tiergestalten mit fischartigem Schwanz die Zuschauer. Auf die vier Tritonen (Mischwesen) jedoch muss geachtet werden. Denn wenn sie zu stark in ihr Horn blasen, kommt Sturm auf. Doch zum Glück weht heute nur eine angenehme Brise und man kann weiterhin beruhigt das unterhaltsame Spiel der steinernen, lustigen Meeresgesellen genießen.

● Fontana La Pupilla di Pesaro, Piazza del Popolo, 61121 Pesaro

Cin Cin und Salute

15 Das Weinanbaugebiet rings um Morro d'Alba

Sanft gewellte Landschaftsformationen sind typisch für die Adria-Region Marken (Marche). Die rund 170 Kilometer lange Küste trumpft mit quirligen Badeorten auf. Nur wenige wissen, dass gleich hinter der Küste auf einer Rebfläche von rund 25.000 Hektar Wein angebaut wird. Etwa 1,6 Millionen Hektoliter Wein pro Jahr sind das stolze Ergebnis.

Das mitten im Weinanbaugebiet liegende Örtchen Morro d'Alba überrascht mit roten Tränen. Sie fließen nicht aus den Augen, sondern aus alten Holzfässern und Flaschen und entstammen der seltenen Rebsorte „Lacrima di Morro d'Alba“ (Träne von Morro d'Alba). Diese einheimische Rotweinrebe wird seit der Antike angebaut und umfasst eine Fläche von etwa 410 Hektar. Ihre Bezeichnung „Lacrima“ beruht auf der Beobachtung, dass aus den reifen Trauben Saft austritt. Gezielt eingesetzte Förderprogramme bewahrten in den 1980er-Jahren diese Rebsorte vor dem Aussterben. Der Genuss dieser purpurfarbenen Rarität macht auch verwöhnte Geschmacksnerven glücklich, denn ihr vollmundiger, fruchtiger, kräftiger Geschmack erinnert unter anderem an Walderdbeeren. Spontan werden glückliche Erinnerungen an erholsame Waldspaziergänge wach, bei denen man am Wegesrand köstliche Walderdbeeren entdeckte, die gleich im Mund verschwanden.

Fast alle Restaurants und Trattorien in Morro d'Alba bieten den „Lacrima di Morro d'Alba“ an, so auch die Weinbar Vin'Canta an der Piazza Barcaroli 24. Oder aber man besucht direkt eines der Weingüter, wie das Marotti Campi in der Via Sant'Amico 14, auf denen man sich über die Herstellung dieses Ausnahmeweines informieren und eine kleine Degustation erleben kann. Wer möchte, nimmt sich einen individuellen Vorrat mit nach Hause – für den Eigenverbrauch oder um Freunde glücklich zu machen. Na dann: Saluti alla vita – Prost auf das Leben!

TIPP

Die gemütliche Osteria DeGustibus in der Via Roma 49 verwöhnt ihre Gäste mit ausgesprochen leckerem Essen.

● Weingut Marotti Campi, Via Sant'Amico 14, 60030 Morro d'Alba
www.marotticampi.it

MONCARO
LACRIMA
DI MORRO D'ALBA
D.O.C.

Frischer geht's nicht

16

Das Obst- und Gemüseboot von Venedig

Lokale Märkte sind einmalige Orte, um Venedig aus der Perspektive Einheimischer kennenzulernen. Sie brillieren mit ihrer unvergleichlichen Atmosphäre und sind pure, kunterbunte Glücksorte. Hierzu trägt auch der originale venezianische Dialekt bei, der in der Stadt nur noch selten gesprochen wird. Die Venezianer lieben ihre Märkte über alles, auch wegen der hier angebotenen frischen, qualitativ hochwertigen saisonalen und regionalen Lebensmittel. Wo sonst bekäme man in der Stadt erntefrisches Gemüse, das morgens noch auf den Äckern der nahen Inseln Sant'Erasmo, Vignole und Mazzorbo wuchs?

Der sicherlich bekannteste Markt, einst wichtigster Handelsplatz, ist der 1097 gegründete malerische Rialtomarkt mit dem berühmten Fischmarkt unter einer großen Kolonnade. Es heißt: Wenn San Marco das Herz der Stadt ist, ist dieser Markt der Mund. Obwohl das bunte Treiben eine Attraktion für zahlreiche Touristen ist, kaufen auch Einheimische hier nach wie vor gerne ein. Auf dem Markt in der Via Garibaldi werden neben Obst, Gemüse und Fisch auch Non-Food-Artikel angeboten.

Im Rio San Barbara liegt seit mehr als 70 Jahren ein altes, bunt gestrichenes Holzboot, voll beladen mit frischem Obst und Gemüse. Dieses Boot dient aber nicht nur dem Verkauf von Obst und Gemüse, sondern auch der Pflege sozialer Kontakte und ist beliebter Treffpunkt, um sich mit Nachbarn oder Freunden über die wichtigsten Neuigkeiten aus dem Viertel auszutauschen. Denn in dieser touristisch eher weniger interessanten Gegend wohnen noch viele alteingesessene Venezianer, die diese Institution sehr zu schätzen wissen. Der Verkäufer weiß genau um die kulinarischen Sonderwünsche seiner wählerischen Kundschaft und auch, wie er diese befriedigen kann, damit seine treuen Kunden glücksbeseelt und zufrieden nach Hause gehen können. Schließlich kennt man sich nicht erst seit gestern und will seinen guten Ruf als „bester Gemüsestand im Sestiere" auf ewig beibehalten.

TIPP

Die meisten Märkte haben Montag bis Samstag von 7 bis 14 Uhr geöffnet.

● Obst- und Gemüseboot hinter der Via Garibaldi am Rio di S. Anna, 30100 Venezia

Bequemes Sightseeing

17

Mit der Bimmelbahn durch Urbino

Eines der bedeutendsten architektonischen Zentren der italienischen Renaissance, eine der ältesten Universitäten Europas (1506 gegründet), das historische Zentrum seit 1998 UNESCO-Weltkulturerbe, traumhaft schöne Lage auf den Hügeln zwischen dem Foglia- und dem Metauro-Tal mit Panoramablick auf die Adria. Will man das herrliche Städtchen Urbino beschreiben, stößt man nur auf Superlative. Zu Recht, denn die malerische Altstadt mit ihren entzückenden Cafés, Restaurants, romantischen Gässchen, hübschen Geschäften, herrlichen Kirchen und eindrucksvollen, historischen Gebäuden ist ein absolutes optisches Highlight. Das nur rund 35 Kilometer von der Adriaküste entfernte beeindruckende Gesamtkunstwerk wurde im 6. Jahrhundert mitten in einer zauberhaften Hügellandschaft in rund 485 Metern Höhe erbaut.

Daher führt die Entdeckertour auf Schusters Rappen zunächst ziemlich steil bergauf, dann nicht weniger steil bergab. Besonders bei Sommerhitze kann das ziemlich anstrengend werden und ist daher nicht jedermanns Sache.

Doch – welch ein Glück – es gibt eine wahrlich bequeme Möglichkeit, den historischen Stadtkern mit all seinen wichtigen Hotspots genießen zu können. „Urbino Explorer“ heißt die reizende rot-weiße kleine Bimmelbahn, die zu einer unterhaltsamen, lustigen und informativen Rundtour einlädt. Gemütlich in dem Bähnchen sitzen und sich etwas kühlenden Fahrtwind um die Nase wehen lassen – so lässt sich die gesamte Stadt ohne Anstrengung und in aller Ruhe erkunden. Glücklicherweise werden sämtliche Informationen auf der rund dreißigminütigen unvergesslichen Reise durch die Renaissance außer in Italienisch noch in sieben weiteren Sprachen übermittelt.

Ehe man sichs versieht, ist der kleine Zug wieder an seinem Ausgangspunkt, der zauberhaften Piazza Rinascimento, angekommen. Glücklich und zufrieden steigt man aus: glücklich, weil man so viel Neues erlebt hat; zufrieden, weil die Füße nicht schmerzen und so gut wie kein Tropfen Schweiß vergossen wurde!

TIPP

Familien bekommen einen günstigen Sondertarif, Kinder bis 3 Jahre fahren gratis mit dem Zug.

● Urbino Explorer, Piazza Rinascimento, 61029 Urbino, Tel. +39 (3 80) 3 88 74 86
www.urbinoexplorer.it

Gedächtnis der Geschichte

18 Zu Besuch im Knopfmuseum in Santarcangelo

Einst galten Knöpfe als wichtige Symbole gegen Zauberei, um Kraft zu geben oder Fruchtbarkeit zu unterstützen. Populär wurde der Knopf Ende des 14. Jahrhunderts, als das Knopfloch erfunden wurde und somit Kleidungsstücke nicht mehr über den Kopf angezogen werden mussten. Nun diente der Modeartikel als Statussymbol für das reiche Bürgertum und den Adel.

In Santarcangelo di Romagna wird dem Knopf die Wertschätzung entgegengebracht, die er verdient. Doch was haben denn nun Knöpfe mit dem malerischen Örtchen zu tun? Wer gemütlich durch die verwinkelten Gassen der sehenswerten Altstadt schlendert, kommt unwillkürlich zu einem völligen Kuriosum, dem winzigen, äußerst charmanten Museo del Bottone (Knopfmuseum). Hier wurden die Wände eines historischen Gewölbes über und über mit liebevoll zusammengestellten Knöpfen verziert. Über 15.000 Exemplare aus dem 16. Jahrhundert bis heute, aus verschiedensten Materialien und aus rund 64 Ländern, sind hier vereint und erzählen ihre individuelle, spannende Geschichte. Daher bitte etwas Zeit mitbringen, um den Schilderungen der zauberhaften Miniaturen zu lauschen – es lohnt sich! Zu bestaunen gibt es unter anderem einen Knopf, den der Kaufmann Medici im 16. Jahrhundert an seiner Jacke trug, oder das wertvolle Schmuckstück, das Pablo Picasso 1920 für Coco Chanel designte.

TIPP

Der Museumseintritt ist gratis. Um des Glückes willen sollte aber ein Obolus gespendet werden.

Während der fantastischen Reise durch die Welt der Knöpfe erfährt man ebenso, dass Knöpfe auch unterschiedlichste Gefühle ausdrücken können. Möglicherweise ist das der Grund, weshalb der ein oder andere beim Verlassen des entzückenden Museums heimlich an seinen Knöpfen dreht; denn das bringt Glück, wie man eben erfahren hat.

● Museo del Bottone Santarcangelo di Romagna, Via della Costa 11, 47822 Santarcangelo, Tel. +39 (3 39) 3 48 31 50

Rast für innere Ruhe

19 Basilika Santa Maria in Porto in Ravenna

Die Via di Roma, mit ihren 1116 Metern längste Straße in Ravenna, führt in Nord-Süd-Richtung durch das historische Stadtzentrum. Seit 1861 ist die ziemlich schnurgerade verlaufende Straße Schauplatz für den traditionellen Faschingsumzug.
Die Via beglückt mit etlichen historischen architektonischen Erinnerungen, wie der Basilika Sant'Apollinare Nuovo mit farbenfrohen Fresken, der Loggetta Lombardesca, einem Klosterkomplex mit wunderschönem Kreuzgang, dem Theater Luigi Rasi, einem charmanten kleinen Theater in der ehemaligen 1250 erbauten Kirche von Santa Chiara, oder der Porta Nuova, einem monumentalen Tor aus dem 16. Jahrhundert.
Nicht weit von der Porta Nuova entfernt liegt ein weiterer Glücksort: die Basilika Santa Maria in Porto. 1606 erfolgte unter reger Teilnahme der Bevölkerung die festliche Weihe der großen Kirche mit ihrem schönen begrünten Vorplatz. Die wunderschön gestaltete Außenfassade und die einladende 1783 errichtete Treppe begrüßen alle Besucher mit verspielter barocker Pracht – was für ein herzlicher Empfang!
Im Inneren des religiösen Gebäudes unterstreichen die schneeweißen Säulen aus istrischem Stein die feierliche Schlichtheit. Die zwölf Seitenkapellen beglücken mit kostbarem Marmor und zauberhaften Gemälden aus dem 16. und 17. Jahrhundert. Viele Einheimische besuchen das Gotteshaus wegen der verehrten „Griechischen Jungfrau", eines Marmorreliefs aus dem 9. Jahrhundert, das die betende Jungfrau Maria zeigt.
Die feierliche Stimmung im imposanten Innenraum lädt zu einer kurzen Pause ein, um zur Ruhe zu kommen, die Gedanken zu „sortieren" oder sich wieder zu sammeln. Die Stille des Gotteshauses überträgt sich wunderbar auf die eigene innere Unruhe und verwandelt diese in wohltuende Gelassenheit. Frisch gestärkt und glücklich geht es dann wieder weiter auf spannende Entdeckungsreise durch Ravenna.

TIPP

Neben der Kirche lädt das empfehlenswerte Museo d'Arte della città di Ravenna zu einem Besuch ein.

● Basilica di Santa Maria in Porto, Via di Roma 19, 48121 Ravenna
● ÖPNV: Bus 70, Haltestelle Carducci Liceo

Vom Papst begrüßt

20 Auf der Piazza del Plebiscito in Ancona

Ancona lädt mit seiner zauberhaften Altstadt zum Flanieren ein. Gleich vier Hauptplätze buhlen um Aufmerksamkeit: die Piazza della Repubblica mit dem Teatro delle Muse (1827) und der Chiesa del Santissimo Sacramento (1538). Eine riesige Statue, die den italienischen Politiker Graf von Cavour (1810–1861) darstellt, dominiert die Piazza Cavour. Die Piazza Roma und die Piazza del Plebiscito als ältester Platz der Stadt ergänzen das Quartett.

Die Piazza del Plebiscito verströmt wegen ihrer Besonderheiten eine einmalige Atmosphäre. Allein schon ihre rechteckige und gleichzeitig sehr lang gestreckte Form ist einzigartig. Dem aber nicht genug! Der Platz präsentiert sich stolz mit mehreren Ebenen, die geschickt durch zwei großzügig angelegte Rampen und eine breite Treppe miteinander verbunden sind. Vor der Schmalseite der Piazza thront vor der Chiesa San Domenico Papst Clemens XII. (1652–1740) und wacht mit ernster Miene über seine Schäfchen. Wegen der monumentalen Marmorstatue nennen die Einheimischen diesen Platz auch „Piazza del Papa". Unterhalb der Statue sorgen zwei historische Brunnen im Sommer für angenehme Erfrischung.

Abends erwacht die Piazza zum Leben. Man trifft sich mit Freunden in den Cafés und Bars am Platz, genießt einen Aperitivo und tauscht wichtige Neuigkeiten aus. Die letzten Sonnenstrahlen lassen die historischen Häuserfronten erstrahlen und herzliches Lachen erfüllt den Platz. Die lockere Atmosphäre steckt an und macht glücklich – Dolce Vita eben. Ob das Leben hier einfacher und unkomplizierter ist? Sicherlich nicht, aber was jetzt gerade nur zählt, ist der Augenblick, das Hier und Jetzt. Einfach entspannt zurücklehnen und genießen, Sorgen und Probleme können getrost warten, denn für negative Gedanken bleibt jetzt keine Zeit. Zu schön ist es hier auf dem wundervollen Platz inmitten italienischer Leichtigkeit.

TIPP

Der 4. Mai ist in Ancona lokaler Feiertag mit einem Fest zu Ehren des Stadtpatrons Ciriaco di Gerusalemme.

● Piazza del Plebiscito, 60121 Ancona

Nicht von dieser Welt

21 Kreuzgang in der Altstadt von Mondolfo

Das etwas im Hinterland idyllisch auf einem Hügel gelegene Mondolfo bildet mit dem netten Adriaort Marotta eine Gemeinde. Wer hier seinen Urlaub verbringt, braucht sich nicht zwischen Baden und Bergwandern zu entscheiden, denn beides steht zur Auswahl.

Marotta lockt unter anderem mit einer Promenade mit zauberhaften Mosaiken – eine Hommage an das traditionelle, hier noch ausgeübte Handwerk. Die kulinarische Spezialität des Ortes sind Meeresschnecken (Garagoi), die mit reichlich Knoblauch in leckerer Sauce gegart werden. Auch Mondolfo kann mit einer eigenen Spezialität aufwarten, dem Sant-Anna-Keks, einer Art Butterkeks mit Schokoladenfüllung.

Umgeben von einer massiven Stadtmauer, in Auftrag gegeben von den Herzögen Della Rovere aus Urbino, wurde Mondolfo so gesichert erbaut, dass es nie erobert werden konnte. Die Einwohner bedankten sich, indem sie die herzogliche Krone ins Stadtwappen aufnahmen. Ebenfalls massiv erbaut wurde im 17. Jahrhundert der weitläufige Klosterkomplex Complesso Monumentale Sant'Agostino mit der sehenswerten Chiesa Monumentale di Sant'Agostino aus dem 15. Jahrhundert. Heute füllt kulturelles Leben mit spannenden Ausstellungen, eindrucksvollen Konzerten und anderen Veranstaltungen die altehrwürdigen Mauern.

TIPP

Das Caffè dello Sport, ebenfalls im Klosterkomplex, ist wegen seines ausgezeichneten Kaffees beliebt.

Weiteres Highlight ist der herrliche, großzügig gestaltete Kreuzgang mit wunderschönen Wandmalereien gleich neben der Kirche. Durch seine einmalige Atmosphäre wirkt er wie ein Ort aus einer anderen Welt. Die faszinierende Schönheit der gleichmäßig geformten Steinbögen, die sich zur Unendlichkeit zusammengeschlossen haben – ohne Anfang und ohne Ende –, all das macht diesen Kreuzgang zu einem magischen Ort. Hier ist man mit sich allein und Zeit wird urplötzlich unbedeutend. Keine Touristen stören die eigene Meditation, niemand drängt zum hektischen Weitergehen. Sich Momente der Muße zu gönnen, die man im Augenblick benötigt – das ist an diesem Glücksort bestens möglich. Einfach mal ausprobieren.

● Complesso Monumentale Sant'Agostino, Via Camillo Benso Conte di Cavour 6, 61037 Mondolfo

Die Perspektive wechseln

22 Auf dem Canal Grande in Venedig

Venedig pflegt schon immer ein intensives Verhältnis zum Wasser. Hauptschlagader der Stadt ist der stark frequentierte Canal Grande, der nahe dem Bahnhof Santa Lucia beginnt und an der Punta della Dogana endet. Die Wasserstraße erstreckt sich über eine Länge von knapp 4 Kilometern, ist zwischen 30 und 70 Metern breit und maximal 5 Meter tief. Aus der Vogelperspektive betrachtet, erinnert ihr Verlauf an ein überdimensionales Fragezeichen.

Auf ihr wird alles transportiert, was die Stadt benötigt. Vaporetti, öffentliche Wassertaxis und gleichzeitig charmante Versionen eines venezianischen Verkehrsmittels, befördern unermüdlich Einheimische und Gäste. Zwischen dem regen Bootsverkehr gleiten, manchmal gefährlich schwankend, zahlreiche Gondeln mit emsig fotografierenden Touristen dahin. Der von allen Einheimischen geliebte Canal ist aber auch Ort für die „letzte Reise“: Verstorbene Venezianerinnen und Venezianer treten sie auf ihm zur nahen Friedhofsinsel an.

TIPP

Für die Benutzung der Wassertaxis werden Einzelfahrkarten, 1-, 2-, 3- oder 7-Tagespässe angeboten.

Eine reizvolle und zudem günstige Art und Weise, die faszinierende Stadt aus dieser Perspektive kennenzulernen, ist die erlebnisreiche Tour mit einem der Vaporetti auf dem Canal Grande von der Haltestelle Piazzale Roma aus. Nur vom Boot aus genießt man das Glück, die herrlichen Prachtfassaden der rund 190 historischen Palazzi und 15 Kirchen zu bewundern, die sich entlang beider Ufer reihen.

Für einen unvergesslich schönen Ausflug empfiehlt sich die gemächlicher fahrende Linie 1 anstelle der schnelleren Linie 2. Gefühlsintensivierend ist die spannende Entdeckungsreise bei untergehender Sonne, wenn die bunten Fassaden der Palazzi in noch prächtigeren Farben erstrahlen.

Diese bildgewaltigen Impressionen hinterlassen tiefe Eindrücke, berühren das Herz und erzeugen wundervolle Glücksgefühle, von denen man noch lange profitieren kann. Ein einmalig schönes, glücklich machendes Erlebnis, das man sich unbedingt gönnen sollte.

- Canal Grande, 30135 Venezia
- ÖPNV: Vaporetto 1, 2, Haltestelle Piazzale Roma, nahe dem Bahnhof Santa Lucia

Dieser Putto bringt Glück

23

Der Brunnen der Seepferde in Ancona

Wasser, Elixier allen Lebens, übt stets eine starke Anziehungskraft aus. Das erklärt auch die Beliebtheit von Badeaufenthalten am und im Meer, denn bereits der Blick auf das blaue Wasser beruhigt und wirkt sich positiv auf den Puls aus – wissenschaftlich bewiesen. Dies erklärt vielleicht auch, warum prächtige Plätze sich häufig mit schönen Brunnen schmücken.

Eines dieser wundervollen Beispiele ist der Fontana dei Cavalli Marini (Brunnen der Seepferde) auf der Piazza Roma (nördlicher Teil), einer der vier zentral gelegenen Plätze Anconas. Der sprudelnde historische Erfrischungsspender befindet sich vor dem eleganten Palazzo dell'Orologio (Palast der Uhr, 1864), den eine der 17 öffentlichen Uhren der Stadt ziert – ein wunderschöner Quadrant, eingerahmt von zwei umgekehrten Füllhörnern.

Die vier Seepferde hatten mit ihrem Brunnen eine wahre Odyssee hinter sich, bevor sie hier auf der zauberhaften Piazza 1908 ihr endgültiges Zuhause fanden. Mal mussten sie dem Bau des Teatro delle Muse weichen, ein anderes Mal waren sie den neu geschaffenen Trambahngleisen zu nahe. Seepferde (Hippocampi), zu den Fischen gehörige Lebewesen, spielten als Nachfahren von Poseidons Streitrössern in der griechischen Mythologie eine bedeutsame Rolle. Zusammen mit den drolligen Delfinen spucken sie reichlich Wasser aus Mündern und Nasen – ein unterhaltsames Spiel, bei dem man gerne zuschaut und das gute Laune macht!

Über den Meeresbewohnern steht ein netter, kleiner Putto, Liebling der Anconitani, die ihn zärtlich „Pupo di San Nicola" nennen und der für viele als Glücksbringer fungiert. Im Vorbeigehen einen kurzen Blick auf den verschmitzt lachenden Knaben geworfen – dann kann im weiteren Tagesverlauf nichts mehr schiefgehen und das Glück ist einem gewogen.

TIPP

Seit 2023 leuchtet der für 170.000 Euro restaurierte Brunnen auch wieder nachts – herrlich!

● Fontana dei Cavalli Marini, Piazza Roma, 60121 Ancona

CALZATURE

Balkon der Stadt

24 Ponte di Vigo in der Altstadt von Chioggia

Der idyllisch in der Lagune von Venedig gelegene Fischerort Chioggia konnte sich seine Ursprünglichkeit bewahren und macht daher mit bestem Dolce Vita glücklich. Weiße Strände wie beispielsweise Sottomarina und Isola Verde verbreiten Karibikfeeling. Der hübsche Ort ähnelt mit seinen Kanälen, bunten historischen Palästen im venezianischen Stil und verwunschenen Gässchen dem rund 30 Kilometer entfernt liegenden Touristenhotspot und wird daher auch „Klein-Venedig" genannt.

Zu den verlockenden Sehenswürdigkeiten zählt auch die elegante Ponte di Vigo, die sich – zusammen mit anderen Brücken – majestätisch über den Canal Vena spannt. Auch hier ist die Ähnlichkeit zur großen Schwester, der Rialtobrücke, unübersehbar. Einst existierte an dieser Stelle eine Holzbrücke, auf der während des Chioggia-Krieges (1379/80) heftige Kämpfe ausgetragen wurden. 1684/85 wurde sie durch eine Steinkonstruktion ersetzt. Der dabei verwendete Marmor stammte – wie bei so vielen Bauten der Region – aus Istrien. Früher wies eine Lampe auf der Balustrade den Seefahrern nachts den Weg. Reizende, sitzende steinerne Löwen bewachen aufmerksam das Bauwerk. „I gatti" (Katzen) nennen die Chioggiotti liebevoll ihre steingewordenen Freunde.

Von der Brücke aus, dem sogenannten Balkon der Stadt, der schon mehrmals als Filmkulisse diente, macht ein herrlicher Ausblick glücklich: zum einen auf die bezaubernde Altstadt, zum anderen auf das Meer, bei schönem Wetter sogar bis Venedig.

Da eines der vier Brückenreliefs einen Schutzheiligen darstellt, lädt die Brücke beim bewussten Betreten dazu ein, alle Sorgen und negative Gedanken bei ihm abzugeben. Während man langsam den Weg beschreitet, bleibt genügend Zeit, um neue, glücklich machende Gedanken zu formulieren, wozu zugegebenermaßen etwas Mut gehört. Doch ehe man sichs versieht, ist das Brückenende erreicht. Jetzt gibt es kein Zurück mehr. Eine Brücke als möglicher Problemlöser – was für ein Glück, dass es die Ponte di Vigo gibt!

TIPP

Die Osteria Penzo in der Calle Larga Bersaglio 535 hat sich auf köstliche Fischgerichte spezialisiert.

● Ponte di Vigo, Canal Vena, 30015 Chioggia

SUZUKI

Was für ein Ausblick

25 Im Parco della Resistenza in Urbino

Urbino, fast komplett erhaltenes Gesamtkunstwerk der Renaissance, liegt inmitten lieblicher, hügeliger Landschaft. Die Altstadt, rundherum von Stadtmauern geschützt, ist seit 1998 UNESCO-Weltkulturerbe. Stolz sind die rund 15.000 Einwohner auf ihren berühmten Sohn, den bedeutendsten Künstler der italienischen Hochrenaissance, Raffaello Sanzio da Urbino (1483–1520). Sein Geburtshaus in der Via Raffaello Sanzio 57 kann besichtigt werden.

Urbino verzaubert durch die perfekte Mischung aus sehenswerter Historie, wie dem mächtigen Palazzo Ducale, und erfrischend fröhlichem Leben. Rund 20.000 junge Menschen aus aller Herren Länder haben das große Glück, an der 1506 gegründeten Universität zu studieren. Ihr buntes Flair durchzieht die komplette Altstadt. Straßenmusiker nutzen in den engen Gassen die gute Akustik und erfreuen mit konzertanten Aufführungen – Mitsingen und Mittanzen ist hier ausdrücklich erlaubt. Die heitere, ungezwungene Atmosphäre durchweht auch die kleinen Trattorien, auf deren Terrassen man sich im Schatten großer Sonnenschirme mit köstlichen regionalen Gerichten wie einer Fischsuppe gerne verführen lässt.

Das lässig-leichte Flair weht ebenfalls durch den Parco della Resistenza Urbino auf dem Monte di San Sergio, den man von der Piazza Roma in einigen Gehminuten mit etwas steilerem Aufstieg erreicht. Die erhöhte Lage des öffentlichen Parks erlaubt den genussvollen einmaligen Panoramablick auf Urbino mit seiner eindrucksvollen historischen Skyline. Ein Aus- und Weitblick mit Gänsehaut-Momenten, wie man sie nur sehr selten genießen darf.

Dieser Platz ist aber auch der ideale Ort, um sich einen ersten baulichen Überblick über das Renaissance-Kleinod zu verschaffen. Wenn die untergehende Sonne die historischen Gemäuer vergoldet, möchte man auf ewig hier oben sitzen bleiben, sich an diesem prächtigen Anblick erfreuen, diese Momente genießen und dabei einfach nur glücklich sein.

TIPP

Der Park mit seiner sensationellen Aussicht eignet sich ideal für ein genussvolles Picknick.

● Parco della Resistenza, 61029 Urbino

Huldigung für den Meister

26 Besuch im Museo Leonardo da Vinci in Venedig

Wenn ein Künstler ein eigenes Museum spendiert bekommt, muss es sich schon um einen sehr berühmten Star handeln! Das war er ohne Frage, der Maler, Architekt, Ingenieur, Naturphilosoph und Bildhauer, der bis heute als einer der berühmtesten Universalgelehrten aller Zeiten gilt – Leonardo da Vinci (1452–1519). Die Menschheit hat ihm zahllose technische Erfindungen und einzigartige Kunstwerke zu verdanken, wie die Zeichnung „Der vitruvianische Mensch", eine Proportionsstudie von 1492, das imposante Wandgemälde „Il Cenacolo" (Das Abendmahl, 1494–1498) und natürlich das weltberühmte Porträt der geheimnisvoll lächelnden Mona Lisa.

Mitten im Herzen der Altstadt von Venedig, gegenüber der imposanten Scuola Grande di San Rocco, lassen sich im interaktiven Museo Leonardo da Vinci einige seiner faszinierenden, komplexen Erfindungen und Bilder hautnah erleben. Der informative und spannende Rundgang ist thematisch nach den vier Elementen Erde, Wasser, Feuer und Luft gegliedert und löst bloßes Staunen und Bewundern aus. Maßstabsgetreue Nachbildungen der Erfindungen des Tausendsassas, wie beispielsweise seine Flugmaschine oder die geodätische Kuppel, geben Einblicke in den unvorstellbaren Facettenreichtum des Künstlers.

TIPP

Die berühmte Proportionsstudie da Vincis ist auf der Rückseite der italienischen 1-Euro-Münze zu finden.

Das Besondere an diesem kleinen, aber feinen Museum ist, dass es – im Gegensatz zu vielen anderen Ausstellungen – überhaupt nicht langweilig ist. Denn hier ist Anfassen und Ausprobieren an nachgebauten Modellen unterschiedlichster Gebiete ausdrücklich gewünscht und erlaubt. Was für ein spektakuläres und glücklich machendes Erlebnis, wenn man die Werke des begnadeten Erfinders eigenhändig zum Leben erwecken darf! Wer möchte, kann beispielsweise eine der technischen Konstruktionen des Genies nachbauen, anschließend erproben und damit spielen. Ein richtiger Spaß für Jung und Alt. Und wer weiß, vielleicht ist bei den begeisterten Fans jemand dabei, der in die großen Fußstapfen des Universalgenies treten wird?

● Leonardo Da Vinci Museo, Campo San Rocco, San Polo 3052, 30125 Venezia, Tel. +39 (0 41) 8 87 68 15, www.davincimuseum.it

Leonardo da Vinci

Stufe für Stufe ins Glück

27

Die historische Treppe in Corinaldo

Das zauberhafte Städtchen, hoch auf einem Hügel gelegen, ist Mitglied in der Vereinigung „I borghi più belli d'Italia" (Die schönsten Orte Italiens). Diese 2001 gegründete Initiative widmet sich der Kunst und Kultur von Kleinstädten, damit die jeweiligen historischen Sehenswürdigkeiten die ihnen zustehende, notwendige Wertschätzung erhalten. Hierzu zählen unter anderem Malcesine (Gardasee), Vernazza (Cinque Terre), Kastelruth (Südtirol), Norcia (Umbrien) und Cefalù (Sizilien) – das bezaubernde Corinaldo befindet sich also in bester Gesellschaft. Sein zinnenbewehrtes, massives mittelalterliches Tor fügt sich perfekt in die ebenfalls intakte, rund 900 Meter lange Stadtmauer ein.

Beim Betreten des historischen Burgdorfes durch das Tor hindurch reibt man sich erstaunt die Augen: Nach nur einem Schritt heißt einen das Mittelalter willkommen. Schmale Gässchen mit Kopfsteinpflaster, mächtige, hohe Wachtürme und zahllose steile gepflasterte Treppen bilden eine fantastische Verteidigungsanlage aus dem 15. Jahrhundert. Steingewordenes Rückgrat dieser wundervollen Perle des Mittelalters ist die hübsche Treppe La Piaggia di Corinaldo mit 109 Stufen, von den Einheimischen einfach „La Piaggia" genannt. Das zauberhafte Juwel inmitten des historischen Zentrums wurde mit herrlichen Mustern aus Ziegelsteinen optisch sehr ansprechend und abwechslungsreich gestaltet. Rechts und links stehen Pflanztröge mit blühendem buntem Inhalt, Palmen sorgen für weitere belebende Farbtupfer.

Wer diesen prächtigen Aufgang gemeistert hat, wird am Ende mit einem grandiosen Blick auf das gigantische Treppenkunstwerk, eingerahmt von historischen Gebäuden, belohnt, und zwar in zweifacher Hinsicht: auf körperlicher Ebene, weil durch den sportlichen Anstieg Endorphine (Glückshormone) freigesetzt wurden; auf seelischer Ebene, weil dieser Ausblick einfach unfassbar schön ist.

TIPP

Die massive 900 Meter lange Stadtmauer lädt zu einem aussichtsreichen Stadtrundgang ein.

● La Piaggia di Corinaldo, Via Pozzo della Polenta, 60013 Corinaldo

Gefrorenes Glück

28

Die Eisdiele Sorbetto del Duca in Urbino

Die häufig gestellte Frage nach dem besten Eis an der nördlichen Adria kann wegen der unterschiedlichen Geschmäcker nicht eindeutig beantwortet werden. Eindeutig sind aber die Gütekriterien für hochwertiges Gefrorenes: frische, natürliche Zutaten, möglichst regional, die Herstellung nach traditionellen Rezepturen, eine sorgfältige Zubereitung, pure Leidenschaft für das herzustellende Produkt, immenses Fachwissen und natürlich viel Liebe, denn auch das schmeckt man.
All diese Voraussetzungen erfüllt die Gelateria Sorbetto del Duca. Würde nicht eine riesige Eistüte an der Eingangstür stehen – man würde den unscheinbaren Laden glatt übersehen. Der familiengeführte Betrieb offeriert neben zahlreichen Eissorten auch Crêpes, Milchshakes und die Granita, eine halbgefrorene sizilianische Süßspeise, die hier auch mit frischen Früchten zubereitet wird. Beste Beratung, kleine Kostproben und moderate Preise zählen ebenfalls zum Erfolgsrezept des Eispalastes. Angeboten werden auch außergewöhnliche Kombinationen, wie beispielsweise „Fior di latte" – Eis mit Piemonteser Haselnüssen und dunkler Schokolade. Außerdem lösen fast 20 Sorten veganes Eis bei Veganern Glücksgefühle aus. Eine besondere Spezialität des Hauses ist „Il Sorbetto del Duca", eine auf der Zunge schmelzende, herrlich fruchtige Hommage an Federico di Montefeltro (1422–1472), einen der bedeutendsten Renaissancefürsten seiner Zeit und Erbauer des berühmten, imposanten Palazzo Ducale.
Wer möchte, kann diese Sorte und andere eiskalte Träume entweder im Café genießen oder genussvoll auf der Piazza schlemmen, eingerahmt von historischen Häuserfronten mit roten Klinkern. Dieses einmalig schöne Umfeld, das an jeder Ecke Historie atmet, und das leckere Eis sind die perfekte Kombination für pure Glücksgefühle! Einfach ausprobieren, klappt übrigens mit jeder Eissorte.

TIPP

Im Nebenraum lädt eine Dauerausstellung mit Bildern des Künstlers Giulio Serafini (1961) aus Urbino ein.

● Gelateria Sorbetto del Duca, Via Raffaello 1, 61029 Urbino, Tel. +39 (3 31) 7 79 90 66

SORBETTO DEL DUCA
GELATERIA
Itinerario Medievale
Itinerario Città dell'Ottocento
Itinerario Trekking Urbano
Casa Natale e Monume
RAFFAELLO
Fortezza
ALBORNOZ
Palazzo Albani
MUSEO DEI GESSI
Oratori
SAN GIUSEPPE E SAN
ORTO BOTANICO
Dipartimento di Scienza dell'Uo
UNIVERSITÀ
ARCHIVIO DI STATO
AGENZIA POSTALE
Parcheggio - Bus Terminal
SANTA LUCIA
Hotel ***
RAFFAELLO
Albergo ** Ristorante Pizzeria
SAN GIOVANNI
Ristorante
ANTICA OSTERIA "DA LA
Ristorante
PORTANOVA
Piadinoteca
IL FALCO
Pizzeria
GHIOTTONE
ARROSTO
ARINA
ORO
DEGLI ARTISTI

Besonderer Rundgang

29 Auf der Stadtmauer La Scarpa um Morro d'Alba

Das entzückende Örtchen Morro d'Alba liegt rund 10 Kilometer von der Adria entfernt inmitten einer lieblichen Hügellandschaft. Rings um das schmucke Dorf, das sich seinen mittelalterlichen Charme bewahrt hat, werden die Trauben für den Rotwein „Lacrima di Morro" (Träne von Morro) und den „Passito", einen fruchtig schmeckenden Dessertwein, angebaut. Aber der nette Ort beglückt seine Gäste mit weiteren Besonderheiten: der interessanten Sammlung Utensilia – Museo della Cultura, die in einer Höhle aus dem 14. Jahrhundert unter der Stadtmauer zu erleben ist. Oder der herrlichen Kirche Parrocchiale di San Gaudenzo auf der stimmungsvollen Piazza Primo Romagnoli aus dem 18. Jahrhundert, die wegen ihrer wertvollen Gemälde einen Besuch lohnt. Highlight in Morro d'Alba ist aber der Rundweg Camminamento La Scarpa (Der Schuh).

Einmalig in zweierlei Hinsicht: Die rund einstündige Wanderroute verläuft direkt auf der historischen überdachten Stadtmauer aus dem 16. Jahrhundert. Grandiose 360-Grad-Weitblicke aus den zahlreichen Rundbögen auf die umliegende Landschaft der Marken bis hin zum verführerisch glitzernden Meer sind Garanten für herrliche Glücksmomente. Die geschützte Flaniermeile, die übrigens auch gut für Kinderwagen und junge Gäste geeignet ist, führt vorbei am Turm Teodorico, der von Einheimischen gerne als Hochzeitslokalität genutzt wird.

Besonders zauberhaft ist der Rundweg bei untergehender Sonne sowie abends, wenn langsam die Lichter in Häusern und Gassen zu leuchten beginnen. Dann leuchtet der ganze pittoreske Ort wie funkelnde Sterne am Himmel. Diese wundervolle Stimmung strahlt Ruhe und Frieden aus und erwärmt das Herz. Beinahe möchte man die Augen schließen, um noch intensiver genießen zu können. Aber das wäre töricht, denn dann würden ja die leuchtenden Sterne erlöschen!

TIPP

Die Pizzeria Morro in der Via Roma 8 offeriert sehr leckere Pizzen zu günstigen Preisen.

● Camminamento di ronda La Scarpa, 60030 Morro d'Alba

Vom Glück gesegnet

30

Die Fortuna-Statue von Fano

Es ist in Fano, der Küstenstadt südöstlich von Pesaro, nicht zu übersehen, dass hier lange Zeit Römer lebten. Die imposanten Hinterlassenschaften erzählen viele Geschichten. Ganz offensichtlich fühlten sich die einstigen Bewohner hier wohl, denn sie tauften den Ort „Fanum Fortuna“ (Heiligtum des Glücks). Auch heute sind die Fanesi vom Glück gesegnet: Individuelle, charmante Geschäfte sowie empfehlenswerte Restaurants mit leckeren Fischgerichten und gemütliche Cafés in der Altstadt runden zusammen mit dem stimmungsvollen Hafenquartier Porto canale und den breiten, herrlichen Sandstränden das Wohlfühlerlebnis ab.

Die Fanesi feiern gerne und oft. Große, weit über die Grenzen der Marken bekannte Events wie der kunterbunte „Carnevale dell'Adriatico“, das renommierte Festival „Fano Jazz by the Sea“ (Juli) oder das „Festival del Brodetto e delle Zuppe“ (September) spiegeln die immense Lebensfreude der Einwohner bestens wider. Die Altstadt betritt man durch den majestätischen Arco di Augusto, einen dreitorigen, zu Ehren Kaiser Augustus' (63 v. Chr.–14 n. Chr.) errichteten Ehrenbogen (9 n. Chr.). Was für ein besonderer historischer Moment, ehrfurchtsvoll auf den Spuren des römischen Herrschers und seiner Untertanen wandeln zu dürfen!

TIPP

Rund um die Piazza XX Settembre findet mittwochs und samstags ein Wochenmarkt statt.

Beim Spaziergang durch die schmalen Gässchen gelangt man zur Piazza XX Settembre, einem großzügig angelegten Platz, der malerisch von historischen Gebäuden eingerahmt wird und mit seinen Cafés beliebter Treffpunkt vieler Einheimischer ist. Auf der Piazza wird der Besucher vom Glück in Person der anmutigen Fortuna, der Glücksgöttin, herzlich begrüßt. Die römische zierliche Statue, deren Original im Stadtmuseum zu sehen ist, krönt einen hübschen barocken Brunnen (1576). Die bronzene Dame mit ihrem charmanten Äußeren schenkt jedem, der sie aus tiefstem Herzen betrachtet, Glück. „Vertraue auf dein Glück – und du ziehst es herbei“, stellte der römische Philosoph Seneca fest. Stimmt, der kleinen Fortuna auf ihrem Glücksbrunnen sei Dank!

● Fontana della Fortuna, Piazza XX Settembre, 61032 Fano

Gut gebrüllt, Löwe

31

Das venezianische Wappentier allerorts in der Stadt

Der Löwe symbolisiert Kraft, Stärke, Tapferkeit, Gewandtheit, Sieg, imposantes Auftreten, Herrschaftsanspruch und Macht. Dank all dieser zahlreichen positiven Attribute wurde der „König der Wüste" zum beliebtesten Wappentier.

Wer durch Venedig schlendert, wird auf Schritt und Tritt von unterschiedlich großen, aber gottlob harmlosen Löwen begleitet, beispielsweise auf Fahnen, Toren, Plätzen oder Gemälden – und das aus gutem Grund: Seit 828 ruhen die Gebeine des Evangelisten Markus, die einst von venezianischen Seefahrern in Alexandria geraubt wurden, im Markusdom. Sankt Markus avancierte zum Stadtheiligen (bis heute) und die einstige Serenissima Repubblica di San Marco nahm den Markuslöwen in ihr Wappen auf. Das Wappentier (bis 1797) wird mit Flügeln und der rechten, auf einem Buch ruhenden Pranke dargestellt. Ein geöffnetes Buch (was meist der Fall ist) bedeutet Glück für die Venezianer, denn es herrscht Frieden. „Pax tibi Marce" (Friede sei mit dir, Marcus) ist unter anderem auf den Buchseiten zu lesen.

Mit dieser wundervollen Botschaft begrüßt der sicherlich bekannteste Löwe der Stadt auf dem kleinen Markusplatz (Piazetta San Marco), der in den berühmten Markusplatz übergeht, seine Gäste. Das steinerne Tier, über dessen Herkunft und Geschichte nichts bekannt ist, thront stolz auf einer grauen Granitsäule, der Markussäule (Colonna di Marco). Diese gelangte, zusammen mit der nebenan stehenden roten Granitsäule, im 12. Jahrhundert aus dem Orient in die Serenissima.

Der Friedenswunsch findet sich auch auf den vielerorts gehissten historischen rotgoldenen Fahnen in der Stadt und er wird bereits mit einer leichten Brise in die ganze Welt hinausgetragen. Die Einwohner lieben ihre historische Beflaggung. Daher flattert sie an vielen Häusern, nicht nur zu festlichen Anlässen. Der Markuslöwe erinnert stets daran, welch großes Glück es ist, in Frieden leben zu dürfen. Dem König der Tiere sei Dank! Möge sein Buch auch in Zukunft immer aufgeschlagen bleiben – nicht nur in Venedig.

TIPP

Kleine Steinlöwen oder historische rotgoldene Minifahnen sind ein nettes Mitbringsel für zu Hause.

- Venezianischer Löwe – überall in der Stadt, zum Beispiel auf der Colonna di Marco auf der Piazzetta San Marco, 30100 Venezia
- ÖPNV: Vaporetto 1, 2, Haltestelle San Marco

Vom Meer auf den Teller

32

Self-Service Ristorante im Hafen von Fano

„Einer für alle – alle für einen!“ Dieser berühmte Ausruf der „Drei Musketiere“ aus dem Roman von Alexandre Dumas stand vielleicht Pate für die Fischer des mittelalterlichen Ortes Fano, als sie sich 1939 zusammenschlossen und die „Cuochi Cooperativa Pescatori“ gründeten. Ziel dieser Vereinigung war die gegenseitige Unterstützung beispielsweise bei der Wartung von Booten oder der Vermarktung ihrer Fischereiprodukte.

1979 wagte die Kooperative einen weiteren Schritt: die Eröffnung eines Selbstbedienungsrestaurants in einem schiffsähnlichen Gebäude im alten Hafen von Fano. Da die Fischerfamilien seit jeher eng mit der Adria verbunden sind und sich dem Meer gegenüber sehr verantwortlich fühlen, steht in dem Lokal selbstredend auch der Umweltgedanke im Vordergrund. Lange Anfahrtswege entfallen, da die fangfrische Ware direkt von den einlaufenden Kuttern auf die Teller der Gäste gelangt. Apropos Teller! Was für ein Glück für die Umwelt; denn seit 2014 werden ausschließlich biologisch abbaubare Teller, Gläser und Bestecke verwendet, wodurch bisher rund 65 Tonnen Plastik eingespart werden konnten.

Angeboten werden Meerestiere und Fischspezialitäten in meist regionalen Varianten. Zu den kulinarischen Spezialitäten zählen zum Beispiel das Risotto mit Meeresfrüchten, Tagliolini (Pastaart) mit Venusmuscheln und Knurrhahn an mediterranem Gemüse. Nicht nur das immer wechselnde Tagesmenü macht glücklich, sondern auch der unschlagbare Preis, in dem Getränke und Brot bereits enthalten sind. Zugegeben, die Atmosphäre in dem Lokal erinnert etwas an eine große Kantine. Aber darum geht es hier nicht! Diese Lokalität besucht man, weil man glücklich darüber ist, leckere Fischgerichte aus fangfrischer Ware genießen zu können. Das macht die vielen Einheimischen, die hier regelmäßig einkehren, einfach zufrieden. Verbleibt nur noch zu wünschen: Buon appetito!

TIPP

Das Restaurant liefert mit seiner blauen Ape (Biene), dem Transportauto, auch innerhalb der Stadt.

● Self-Service Ristorante Pesce Azzurro Fano, Viale Adriatico 52, 61032 Fano, Tel. +39 (07 21) 80 31 65, www.pesceazzurro.com

tutto il buono di PesceAzzurro anche su
www.pesceazzurroshop.com
pesceazzurro
pesceazzurro
pesceazzurro

Mythos in Gelb

33 Auf Valentino Rossis Spuren durch Tavullia

Eigentlich ist Tavullia ein ganz normaler Ort, wie es etliche in dieser leicht hügeligen Landschaft gibt. Eigentlich! Wäre da nicht der berühmte Motorrad-Weltmeister Valentino Rossi, der hier am 16. Februar 1979 geboren wurde und bis heute hier lebt. Die Sportlegende hat bis zu seinem Ausstieg 2021 unfassbare neun WM-Titel und 89 Siege eingefahren und seine vielen Fans damit richtig glücklich gemacht. Die Leidenschaft für den schnellen Sport wurde ihm wohl von seinem Vater „Checco", einem ebenfalls erfolgreichen Motorradsportler, in die Wiege gelegt. Seinen Spitznamen „The Doctor" erhielt Valentino zu Recht, da er an der Universität in Urbino studierte.

Sein Wissen und seine Erfahrung gibt er in seiner VR46 Ranch am Ortsrand von Tavullia weiter. Statt grasender Rinder stehen hier fast 100 Offroad-Motorräder, auf denen die Mitglieder seiner VR46-Academy trainieren können.

Tavullia ist zum Glückseldorado für zahllose Fans geworden. Bei einem Spaziergang durch den kleinen Ort stößt man beinahe überall auf gelbe Reminiszenzen: An Häusern, Zäunen, Bäumen und an der Kirche wehen – wie an Rennstrecken üblich – unzählige gelbe Fahnen und werden ergänzt durch Poster und Aufkleber. Rossi trug bei seinen Rennen stets die Startnummer 46 – jene Nummer, unter der auch sein Vater startete und die ihm Glück bescherte. Das Verkehrsschild am Eingang von Tavullia informiert über die erlaubte Höchstgeschwindigkeit, natürlich 46.

Der 2021 eröffnete Yellow Park macht auch den möglichen Nachwuchs glücklich. In dem kleinen Spiel- und Freizeitpark dreht sich alles – wie könnte es anders sein – um die großen sportlichen Erfolge des „Dottore". Hier können sich die Jüngsten austoben und wer weiß, vielleicht wird hier noch ein zukünftiger Weltmeister entdeckt!

TIPP

Die Pizzeria Da Rossi (Via Cesare Battisti 1) macht Fans mit Rossi-Pizza und Rossi-Wein glücklich.

● 61010 Tavullia

YELLOW PARK
TAVULLIA
POLLERIA OSVALDO

Heimat der Aale

34 Imbiss an der Trepponti-Brücke in Comacchio

Die „Stadt der Aale", wie Comacchio auch genannt wird, liegt südlich des Po-Mündungsdeltas. Das romantische Örtchen (22.000 Einwohner) wurde einst – ähnlich wie Venedig – auf 13 Laguneninseln errichtet. Im 19. und 20. Jahrhundert begann man, unzählige Hektar Feuchtgebiete trockenzulegen, um sie für landwirtschaftliche Zwecke nutzbar zu machen. Heute liegt das Städtchen am Rand der Valli di Comacchio. Diese zauberhafte unter UNESCO-Schutz stehende Lagunenlandschaft mit ihrer Flora (salzresistente Pflanzen) und Fauna (zahlreiche Fisch- und über 300 Vogelarten) ist fantastisch und einmalig.

Als die Region noch von Römern bevölkert war, entstand in Comacchio ein wichtiger Handelsplatz für Salz, das aus den zahlreichen Salinen der Umgebung stammte. Die Salzgewinnung ist heute jedoch kein lukrativer Wirtschaftszweig mehr; viele Einheimische leben von der Hochseefischerei, überwiegend jedoch von der Aufzucht, dem Fang und der Verarbeitung von Aalen. Hauptsächlich als „Anguilla marinata" (marinierter Aal) wird er, verpackt in schmucken Metalldosen, weltweit versandt. Gegrillt aber schmeckt der sonderbare Fisch am besten, da sich so sein intensives Aroma optimal entfalten kann.

Testen kann man das in einem der örtlichen Restaurants oder an einer Fisch-Imbissbude, wie der Friggitoria e Griglieria La Squarie, direkt zwischen der Trepponti-Brücke und der alten Fischmarkthalle gelegen. Der Aal und seine schwimmenden Genossen sind hier die kulinarischen Hauptakteure. Das regionale Speisenangebot reicht von köstlichen Aal-Panini bis hin zu traumhaft schmeckendem, gegrilltem Aal mit Polenta; entweder zum Mitnehmen oder an einem der kleinen Stehtische vor dem Grill. Warum ein Besuch hier so glücklich macht? Ganz simpel. Weil einfach alles stimmt: frisch zubereitete Schmankerl, superfreundliche Gastgeberin, herrliche Lage mit tollem Blick auf Kanal und historische Treppe und gemütliche Atmosphäre. Dem ist nichts mehr hinzuzufügen, außer Buon appetito zu wünschen.

● La Squarie – Friggitoria e Griglieria, Via della Pescheria, 44022 Comacchio, Tel. +39 (05 33) 67 14 16

La Squarie
cucina tipica comacchiese
dalla Famiglia Amadei
Friggitoria

Begehrte Sammlerstücke

35 Briefmarken- und Münzmuseum in Borgo Maggiore

Der Ort Borgo Maggiore, malerisch zu Füßen des 739 Meter hohen Berges Titano gelegen, ist mit seinen rund 7000 Einwohnern eine kleine Gemeinde im Zwergstaat San Marino. Jeden Donnerstag findet auf dem schmucken Hauptplatz, der Piazza Grande, ein großer, traditionsreicher Markt statt, der sich allgemein großer Beliebtheit erfreut – und das seit 1243. Statt Vieh bieten Bauern aus der Gegend heutzutage regionale Produkte wie Honig und/oder Wein an.

Obwohl Borgo Maggiore mit einigen beglückenden Sehenswürdigkeiten aufwartet, streben die meisten Gäste nach ihrer Ankunft rasch zur Seilbahn, um damit in die Hauptstadt San Marino zu entschweben. Schade eigentlich, denn dadurch entgehen ihnen unter anderem die Piazza Grande mit ihrem beeindruckenden Palazzo aus dem 17. Jahrhundert samt 1896 erbautem markantem Torre dell'orologio (Glockenturm) und die schmucke, im 18. Jahrhundert errichtete imposante Chiesa del Suffragio (Kirche der Fürbitte).

San Marino ist vor allem auch bekannt für seine Briefmarken, die wegen ihrer schönen, fantasievollen und bunten Gestaltung beliebte und begehrte Sammelobjekte sind. Für die San-Marinesen ist der Verkauf der kleinen Papierstücke mit den gezackten Rändern ein lukratives Geschäft, mit dem schon manches Mal die klamme Staatskasse saniert wurde. Das kleine Nuovo Museo filatelico e numismatico (Briefmarken- und Münzmuseum) ist der ideale Glücksort für Philatelisten, wie er passender nicht sein könnte. Hier können sämtliche Briefmarken San Marinos von 1877 bis heute entdeckt werden – das ist auch für Nichtsammler spannend, da die Marken faszinierende Einblicke mit neuen Perspektiven auf den Zwergstaat erlauben. Dasselbe gilt auch für die Münzsammlung, die mit der ersten san-marinesischen Münze vom 23. Oktober 1863 in einer Auflage von nur 280 Exemplaren glücklich macht. Ein absolut erlebenswerter Ausflug in die abwechslungsreiche Geschichte San Marinos.

TIPP

Im Verkaufsshop am Museum können neu ausgegebene Münzen und Briefmarken erworben werden.

● Nuovo Museo filatelico e numismatico, Via Ventotto Luglio, 50, 47899 San Marino/Borgo Maggiore, Tel. +39 (05 49) 88 31 11

L. 2
PHLOX PANICULATA
SAN MARINO
COURVOISIER S.A.

Der Shakespeare Italiens

36 Dantes Grab in der Altstadt von Ravenna

Mitten im Herzen von Ravenna befindet sich die letzte Ruhestätte eines der bedeutendsten Dichter des Landes, der bis heute von den Italienern verehrt und geliebt wird: Dante Alighieri. Durch sein bekanntestes Werk „La Divina Commedia“ (Die Göttliche Komödie), ein Meisterwerk der Weltliteratur, das bis heute noch in vielen Schulen zum Pflichtprogramm gehört, wurde er unsterblich.

Dante wurde im Jahr 1265 in Florenz geboren und verstarb 1321 in Ravenna. Obwohl die meisten Menschen damals nicht Lateinisch sprachen, verfassten sehr viele Schriftsteller und Dichter ihre Werke in lateinischer Sprache, also in der Sprache der Literatur und Kultur. Nicht so Dante, der für seine „Göttliche Komödie“ die (alt-)italienische Sprache einsetzte. Dieser geschickte Schachzug sorgte dafür, dass das Werk schnell bekannt wurde und damit auch die von ihm verwendete altitalienische Sprache. Dante gilt bis heute als „Vater der italienischen Sprache“.

Sein Grab liegt nur einen Katzensprung entfernt von der Piazza del Popolo neben der Kirche San Francesco und dem Museo Dantesco (Dante Museum). Es erinnert an einen neoklassischen Tempel mit quadratischem Grundriss und befindet sich in der „Zona del silencio“, einem Bereich der Ruhe. Es ist ein absoluter Glücksort für Literaturfans aus aller Welt, die hier in würdevoller Stille ihrem Idol, dem „Shakespeare Italiens“, ganz nah sein und ihn mit einer inneren Verbeugung ehren können.

Jeden Abend, wenn die Sonne langsam in herrlichen Farben untergeht, schlägt eine Glocke dreizehnmal und erinnert damit an den bedeutenden Nationaldichter. Manch einer der älteren Italiener nimmt die gleichmäßigen Glockenschläge zum Anlass, sich an den Anfang der „Göttlichen Komödie“ zu erinnern, den er als Kind in der Schule auswendig lernen musste: „Nel mezzo del camin di nostra vita mi ritrovai per una selva oscura“ (Es war in unseres Lebensweges Mitte, als ich mich fand in einem dunklen Walde). Vielleicht ein guter Grund, das Buch wieder mal zu lesen …

TIPP

Die „Göttliche Komödie“ handelt von einer Reise durch die Hölle auf den Berg des Fegefeuers ins Paradies.

● Tomba di Dante, Via Dante Alighieri 9, 48121 Ravenna
ÖPNV: Bus 90, Haltestelle Farini Liceoo

Leichtigkeit erleben

37 Chiesa di Santa Eufemia auf der Insel Giudecca

Der bis zu 450 Meter breite Canale della Giudecca ist die am stärksten frequentierte Wasserstraße Venedigs. Sie trennt die quirlige Altstadt von dem beschaulichen, etwa 2 Kilometer langen und rund 300 Meter breiten Eiland La Giudecca, auf dem die Zeit langsamer zu verstreichen scheint. Unübersehbarer Platzhirsch auf der Insel ist die monumentale, prächtige Kirche Il Redentore des berühmten Architekten Andrea Palladio (1508–1580), die unbedingt einen Besuch lohnt.

Wie so oft im Leben jedoch begegnet man dem Glück an kleineren, äußerlich unscheinbareren Orten, wie in der Kirche Santa Eufemia. Das Gotteshaus in der Inselmitte stammt aus dem 9. Jahrhundert und zählt zu den ältesten Kirchen Venedigs. Die Längsseite mit den Säulen des Portikus zeigt zum Canale della Giudecca hin und nicht – wie sonst üblich – die Frontseite mit dem Haupteingang. Viele der rund 1200 Bewohner betrachten das Gebäude als „ihre Kirche" und nutzen es gerne als Ort der Ruhe und der Meditation. Wen wundert's bei der herrlichen Innenausstattung mit beeindruckend schönen Freskenmalereien und der überschäumenden Leichtigkeit barocker Pracht, die die Seele tief berührt. Zum anderen herrscht in dem Gotteshaus eine unvergleichliche Stimmung, die entschleunigend und beruhigend wirkt.

TIPP
Vor der Kirche bietet sich ein grandioser Blick auf die Altstadt von Venedig.

An diesem Ort der Geborgenheit lassen sich in aller Ruhe Gedanken sortieren und neue Kräfte für das Leben außerhalb der geschützten Mauern tanken. Sorgen und Probleme dürfen getrost der heiligen Maria (vorne links im Gotteshaus) anvertraut werden. Geduldig hört sie zu und weiß (meist) guten, hilfreichen Rat. Wenn am späten Nachmittag einfallende Sonnenstrahlen mit ihrem warmen Licht Altäre, Fresken und das herrliche Deckengemälde in bezaubernd strahlende Schönheiten verwandeln, ist das ein prachtvolles Naturschauspiel, das seinesgleichen sucht. So einfach kann manchmal Glück sein – wunderbar!

- Chiesa di Santa Eufemia, Giudecca 680, Insel Giudecca, 30133 Venezia, Tel. +39 (0 41) 5 22 58 48
- ÖPNV: Vaporetto 2, Haltestelle Giudecca Palanca

Glück für alle Sinne

38 Bummel durch den Mercato Coperto in Ravenna

Im Mittelalter florierte um die Piazza Andrea Costa der Fischhandel, denn hier flossen die beiden Flüsse Padenna und Flumisellum zusammen. Hier hatte auch die Casa Matha ihren Hauptsitz. Dieser bis heute existierende Verein, einer der ältesten der Welt, widmet sich der regionalen Fischerei und Fischzucht sowie lokalen kulturellen Veranstaltungen. Die in den 1920er-Jahren errichtete riesige Fischhalle direkt an der Piazza hatte großes Glück, denn sie wurde nicht abgerissen, sondern im Zuge der „Förderung und Aufwertung historischer Geschäfte“ für rund 2,7 Millionen Euro von 2014 bis 2019 zu diesem wundervollen Gebäude umgebaut, das heute seine neugierigen Gäste herzlich willkommen heißt.

Bei einem Bummel durch die Markthalle macht – neben wundervollen kulinarischen Köstlichkeiten – auch die Innenausstattung glücklich. Das schicke, moderne Raum-Design steht im spannenden Kontrast zu verspielten nostalgischen Elementen. Wie der original „Barca“-Tisch, gefertigt aus einem alten Lagunenboot der Aalfischer aus Comacchio. Oder der nach traditioneller Art gebaute romagnolische Grill, der jeden Tag treue Dienste leistet. Unter der historischen, kühn gestalteten Stahlkonstruktion präsentieren regionale Einzelhändler wie eine Metzgerei, Piadineria, Bäckerei und ein Fischstand Produkte, die hauptsächlich aus der Region Romagna stammen. Kostenloses Probieren ist ausdrücklich erwünscht! Tagsüber ist der Mercato Coperto authentischer Glücksort für Genießer, die Regionalität und ausgezeichneten Geschmack zu schätzen wissen. Abends machen unterschiedlichste Events das gut gelaunte Publikum glücklich.

TIPP

Die Markthalle ist der ideale Ort, um leckere Mitbringsel für die Lieben zu Hause zu finden.

Die Markthalle fungiert auch als beliebter Treffpunkt mit Freunden auf einen Aperitifo. Oder man genießt in dem schicken Restaurant die Aromen der Romagna, lernt, wie man Cappelletti (regionale Pastasorte) fertigt, oder schaut dem Bäcker beim Brotbacken über die Schulter. In diesem abwechslungsreichen Food-Tempel muss niemand lange nach seinem individuellen Glück suchen!

● Mercato Coperto, Piazza Andrea Costa 4, 48121 Ravenna, Tel. +39 (05 44) 24 46 11
www.mercatocopertodiravenna.it

MERCATO

Blick vom Turm

39 Auf der Burg Guaita in San Marino

Freiheit ist für die rund 33.000 Einwohner der Minirepublik San Marino schon immer das höchste Gut gewesen, das sie seit dem Mittelalter über Jahrhunderte hinweg stets erfolgreich verteidigten. Umzingelt vom italienischen Staatsgebiet thront die stolze Enklave majestätisch auf den drei Gipfeln des 739 Meter hohen Monte Titano, der sich über etwa 7 Kilometer erstreckt und nach Osten steil abfällt. Die Hauptstadt des Zwergstaats heißt ebenfalls San Marino, ist seit 2008 UNESCO-Weltkulturerbe und liegt auf ebendiesem Berg.

Drei imposante Burgen mit drei Türmen (Wahrzeichen der Republik) wurden auf seinen Gipfeln errichtet. Die älteste davon ist die Rocca Guaita aus dem 11. Jahrhundert mit ihrem massiven fünfeckigen Turm, der noch bis 1970 als Gefängnis genutzt wurde. Von diesem Wehrturm aus, der am höchsten Punkt des Monte Titano liegt, bietet sich eine atemberaubende Weitsicht auf die Region Emilia-Romagna, die sprachlos macht.

TIPP

Im Wappen San Marinos werden die drei Burgen symbolisch als drei Wehrtürme dargestellt.

Als Erstes fällt der Blick auf das beeindruckende System der Stadtverteidigung mit dem trutzigen Torre La Cesta aus dem frühen 13. Jahrhundert, in dem heute passenderweise das Museo Armi Antiche (Museum für alte Waffen) untergebracht ist. Ein Stückchen weiter grüßt der Torre Montale, ebenfalls aus dem 13. Jahrhundert. Wie ein herrliches Gemälde wirkt die hügelige grüne Landschaft mit den malerischen kleinen Dörfern. Am Horizont taucht in nordöstlicher Richtung der beliebte Badeort Rimini auf und unmittelbar dahinter die Adria. An besonders klaren Tagen erkennt man sogar die Küste Istriens (Kroatien).

Die Augen wollen sich nicht sattsehen und entdecken unablässig neue, zauberhafte Details. Beinahe surreal wirkt der Fernblick, wenn die versinkende Sonne Landschaft und Meer mit goldgelben Farben verzaubert. Es entsteht die perfekte Illusion einer wundervollen Märchenwelt, die spontane Glücksgefühle auslöst und an Schönheit kaum zu übertreffen ist.

● Burg Guaita, Via Salita alla Rocca, 47890 San Marino, Tel. +39 (05 49) 99 13 69

Ich habe nichts zu sagen!

40 Casa Moretti in der Altstadt von Cesenatico

Ende des 19. Jahrhunderts verwandelte sich das beschauliche Hafen- und Fischerstädtchen Cesenatico in einen beliebten Badeort. Heute steigt internationale Prominenz gerne in dem 2013 eröffneten Grandhotel da Vinci ab, einer 5-Sterne-Destination vom Feinsten, Meerblick inklusive.

Einer der bekanntesten hier geborenen und verstorbenen Söhne der Stadt, Marino Moretti (1885–1979), vermachte dem Küstenort sogar sein Geburts- und Wohnhaus. Der namhafte Schriftsteller und Poet veröffentlichte zeitlebens mehr als 70 Bücher und pflegte bescheiden über sich zu behaupten: „Ich habe nichts zu sagen!"

Die Casa Moretti, das heutige Museum in dem ehemaligen Wohnhaus, beinhaltet ein Studienzentrum für italienische Literatur und beglückt mit zahlreichen kulturellen Veranstaltungen zur Literatur des 20. Jahrhunderts. Beim Betreten des schmucken Hauses direkt am Hafenkanal meint man, der Meister kehrte gleich wieder vom Einkaufen zurück; denn alle Utensilien befinden sich noch, wie zu Morettis Zeit, an ihren Plätzen. Der gemütliche Ledersessel ist perfekt für herrliches Entspannen und Relaxen. Wenn man den kleinen Schreibtisch sieht, kann man kaum glauben, dass hier derart viel große Literatur entstanden ist. Die Küche lädt ein, ein leckeres Abendbrot mit fangfrischem Fisch zu kochen und damit den Schriftsteller zu überraschen. Doch sicher ist er mal wieder in seiner bestens sortierten Hausbibliothek mit über 5000 Büchern untergetaucht und vergisst dort Zeit und Raum. Schnell noch den langen Holztisch gedeckt, den Wein kaltgestellt und die Holzbänke zurechtgerückt, denn schon kommen seine Freunde. In dieser behaglichen Umgebung verlebt man zusammen einen ausgesprochen unterhaltsamen Abend, der alle glücklich und zufrieden macht.

So oder so ähnlich könnte es sich damals ereignet haben – Träumen ist ja schließlich erlaubt! Denn das heimelige Museum verströmt eine sehr persönliche Atmosphäre, in der man dem Dichter nahe ist. Wunderbar!

TIPP

Alle zwei Jahre wird der von der Gemeinde initiierte Literaturpreis, der „Marino Moretti Preis", verliehen.

● Casa Moretti, Via Marino Moretti 1, 47042 Cesenatico, Tel. +39 (05 47) 7 92 79
www.casamoretti.it

Einmalig in ganz Italien

41 Zu Besuch im Museum M9 in Mestre

Die Stadt Mestre liegt auf dem Festland, ist jedoch verwaltungstechnisch ein Stadtteil Venedigs. Mit der Serenissima ist sie durch eine rund 3 Kilometer lange Eisenbahn- und Autobrücke verbunden und bietet vielen Venezianern bezahlbareren Wohnraum und Touristen günstigere Übernachtungsmöglichkeiten als in Venedig. Zu den Sehenswürdigkeiten in Mestre zählen der historische Glockenturm (Torre dell'Orologio) aus dem 14. Jahrhundert mit kleinem Museum und herrlichem Weitblick an der quirligen Piazza Ferretto, die Kirche San Lorenzo mit barocker Außenfassade oder die Galleria Matteotti, eine Jugendstilgalerie mit edlen Geschäften.

Um die Stadt gegenüber der grandiosen Laguneninsel Venedig aufzuwerten, beschloss man ein umfangreiches architektonisches Stadterneuerungsprogramm, das mit Shopping, Restaurants und Vergnügungsmöglichkeiten glücklich macht. Entstanden ist dabei auch etwas absolut Einmaliges in ganz Italien: das erste ausschließlich multimedial zu erlebende Museum.

Das 2017 eingeweihte Museo del Novecento, kurz M9 genannt, verfügt über eine Fläche von rund 10.000 Quadratmetern und ist eine äußerst gelungene, klug entworfene Symbiose von Alt und Neu. Bereits die Fassade mit ihren rotbraunen Keramikfliesen, die die Farben der Umgebung widerspiegeln, ist ein optisches Highlight. Ebenso genial ist die Lösung, wie das aus dem 16. Jahrhundert stammende Kloster Convento delle Grazie als neuer, überdachter Stadtplatz für Veranstaltungen in das Museumskonzept mit einbezogen wurde.

Das Museum für die Geschichte des 20. Jahrhunderts erzählt genauso unterhaltsam wie informativ die Historie jenes Jahrhunderts und vermittelt ausführlich die Geschichte Italiens und seiner Bewohner. Dank modernster interaktiver Möglichkeiten können Besucher unter anderem echten italienischen Alltag erleben – ein fantastisches, beeindruckendes und außergewöhnliches Erlebnis, bei dem garantiert keine Langweile aufkommt und die Zeit leider viel zu schnell vergeht.

TIPP

Die Galleria Marina Bastianello neben dem Museum (Via Giovanni Pascoli 9/C) vertritt junge Künstler.

- M9 – Museo del Novecento, Via Giovanni Pascoli 11, 30171 Venezia Mestre, Tel. +39 (0 41) 0 99 59 41, www.m9museum.it
- ÖPNV: Straßenbahn 2, Haltestelle Villa Erizzo

M9
Kids

Dem Himmel so nahe

42

Kathedrale auf dem Monte Guasco über Ancona

Malerisch eingebettet zwischen Monte Conero, Monte Guasco und dem Monte Astagno wurde Ancona 376 v. Chr. gegründet und trägt wegen der exponierten Lage seines riesigen Hafens den Beinamen „Tor zum Osten". Der imposante, fast 20 Meter hohe und rund 3 Meter breite Trajansbogen im Hafen (2. Jahrhundert n. Chr.) begrüßt all jene Besucher, die sich vom Meer her Ancona nähern, schon von Weitem. Das Bauwerk hat für die Stadt eine große Bedeutung, denn es wurde als Dankeschön an Kaiser Trajan errichtet, der den Hafen auf eigene Kosten ausbauen ließ – ein Vorhaben, von dem Ancona bis heute profitiert.
Ebenfalls vom Wasser aus schon von Weitem sichtbar, nördlich des Hafens und der Altstadt, ist die wundervolle Cattedrale di San Ciriaco auf dem Monte Guasco. Ein steiles Sträßchen mit etlichen „Tornanti" (Haarnadelkurven) führt zu diesem architektonischen Juwel. Das Gotteshaus wurde zwischen dem 11. und 13. Jahrhundert n. Chr. auf einem ehemaligen Heidentempel aus dem 4. Jahrhundert v. Chr. errichtet. Benannt wurde der Dom nach dem geliebten Schutzpatron der Stadt, Ciriaco, dessen Gebeine hier ruhen und der von hier aus seine „Schäfchen" bewacht und beschützt. Deshalb ist der Dom für die Anconetani in schlechten Zeiten stets ein tröstender Anblick und verleiht ihnen Hoffnung und Kraft.

TIPP

Wer sich für sakrale Kunst interessiert, sollte unbedingt das benachbarte Diözesanmuseum besuchen.

Das markante romanische Gotteshaus mit dem Grundriss eines griechischen Kreuzes wird von zwei venezianischen Löwen streng bewacht, strahlt absolute Erhabenheit aus und ist voller Mystik und Spiritualität. So schreibt man dem Gemälde der Heiligen Jungfrau und dem Holzkruzifix aus dem 14. Jahrhundert wundersame Heilungen zu. Der großzügige Platz vor dem Gotteshaus, beschützt von zwei mächtigen venezianischen Löwen am Kirchenportal, ist ein echter Kraftort. Natürlich tragen hierzu auch einmalig schöne Panoramablicke auf die hübsche Altstadt, das ausgedehnte Hafengelände und den anschließenden Küstenstreifen bei. Solch eine Schönheit erleben zu dürfen, lässt starke Glücksgefühle aufkommen. Allein deshalb schon lohnt sich der etwas mühsame Aufstieg zu diesem herrlichen Aussichtspunkt!

● Cattedrale di San Ciriaco, Piazzale del Duomo, 60121 Ancona, Tel. +39 (07 15) 26 88
www.diocesi.ancona.it

Musik liegt in der Luft

43

Das Rossini-Geburtshaus in Pesaro

In Pesaro liegt Musik in der Luft, denn hier erblickten ungewöhnlich viele Musikschaffende (Musiker, Kapellmeister, Dirigenten, Komponisten und Opernsänger) das Licht der Welt. Daher darf sich Pesaro seit 2017 mit dem Titel „UNESCO Creative City of Music" schmücken.

Ihr sicherlich bekanntester Sohn war der berühmte Komponist Gioachino (oder Gioacchino) Antonio Rossini (1792–1868). Mit seiner Opera Buffa (Komischen Oper) „Il barbiere di Siviglia" (Der Barbier von Sevilla) gelang dem musikalischen Ausnahmekünstler ein Geniestreich. Für das Komponieren dieser Oper (seiner siebzehnten!), die mit zahlreichen musikalischen Raffinessen brilliert, benötigte der damals Vierundzwanzigjährige nur 14 Tage!

TIPP

Seit 1980 findet im Sommer das „Rossini Opera Festival" mit zum Teil unbekannten Werken des Meisters statt.

Der Ort, an dem der damalige Superstar das Licht der Welt erblickte und die ersten acht Lebensjahre verbrachte, die Casa Rossini aus dem 15. Jahrhundert, wurde zu einem kleinen Museum umgestaltet. Hier kann man dem Meister ganz nah sein und sich von ihm – dank multimedialer Elemente – sein Geburtshaus zeigen lassen. In der kleinen Küche kochte seine Mutter vermutlich sehr lecker, denn Rossini outete sich im späteren Lebensalter als bekennender Feinschmecker.

Selbst wenn man nicht viel von Musik versteht, spürt man doch, dass es sich bei den schwungvoll mit Tuschfeder auf das Papier gebrachten Noten und Texten um etwas ganz Besonderes handeln muss. Das ausgestellte Hammerklavier begleitete Rossini auf vielen Reisen. Neben Porträts an den Wänden finden sich auch amüsante Karikaturen des Musikgenies. Musikalische Kostproben seiner Werke verstärken das einmalige Erlebnis in dieser besonderen Atmosphäre; glücklich und tief berührt beendet man den Besuch. Rossini winkt vom Balkon kurz zum Abschied und ruft seinen Besuchern zu: „Und gratuliere mir selbst zum Glück!" Oder war es Figaro aus dem „Barbier von Sevilla", der selbstzufrieden diesen Satz sprach?

● Casa Rossini, Via Gioacchino Rossini 34, 61121 Pesaro, Tel. +39 (07 21) 38 73 57

Ort voller Mystik

44

Chiesetta di San Pietro in San Marino

„La Serenissima“ nennen die rund 30.000 Einwohner ihren zauberhaft gelegenen Zwergstaat San Marino, dessen wundervolle Lage allein schon Glücksgefühle hervorruft. „Guaita“, „Cesta“ und „Montale“ heißen die imposanten Wehrtürme, die auf dem Kamm des Monte Titano stehen und mit wuchtigen Festungsmauern verbunden sind. Von hier oben aus genießt man herrliche Blicke auf die sanft geschwungene Landschaft, die sich um den Zwergstaat schmiegt.

Wem der Aufstieg zur Burganlage während der Sommermonate zu schweißtreibend ist, findet in den Museen in der Altstadt angenehme Kühle: beispielsweise in dem unterhaltsamen Museo delle Creature della Notte (Museum der Nachtkreaturen), dem Museo della Tortura (Foltermuseum), das nichts für zart besaitete Seelen ist, oder dem Titanus Museum, das auch für Kinder geeignet ist. Ein Besuch der wunderschönen historischen Piazza della Libertà (Platz der Freiheit) empfiehlt sich besonders bei Sonnenuntergang.

Neben diesen herrlichen Sehenswürdigkeiten beherbergt der Zwergstaat einen wundervollen Ort der Ruhe und des Innehaltens: die bescheiden wirkende Chiesetta di San Pietro, die sich etwas versteckt neben der prächtigen Basilica di San Marino. Das kleine Kirchlein ist ein mystischer Ort, um den sich eine Legende rankt: Man sagt, dass die beiden Stein-Nischen in der Apsis die „Betten“ der Heiligen Marino und Leo sein sollen.

Die schöne Statue des heiligen Petrus auf dem kostbaren Marmoraltar ist für die San-Marinesen Seelentröster und Ansprechpartner in allen Notlagen. Der Heilige ist auch Schutzheiliger vieler Berufe, hört geduldig zu und gibt den oft verzweifelten Ratsuchenden Inspirationen zu Problemlösungen mit auf den Weg. Es macht die Einheimischen glücklich, zu wissen, dass es hier einen Schutzpatron gibt, der stets für sie da ist, helfen kann und seelische Nöte lindert.

TIPP

Falls das Kirchlein geschlossen ist, öffnet der Kirchenpfleger der benachbarten Basilica.

● Chiesetta di San Pietro, Piazzale Domus Plebis, 47890 San Marino, Tel. +39 (05 49) 88 23 80

Zeitreise der anderen Art

45 Zu Besuch im Museo Delta Antico in Comacchio

Comacchio ist ein herrlich entschleunigender Ort. Südlich des Po-Mündungsdeltas gelegen, scheint hier die Zeit etwas langsamer zu vergehen. Ursprünglich erbaut auf 13 Inseln in der Lagune, konnte das Städtchen bis zu Beginn des 19. Jahrhunderts nur über Brücken und Kanäle erreicht werden. Seit dem Mittelalter wurden die Lagunen sowohl zu Transportzwecken als auch zur Aalzucht genutzt. Die Aale wurden einst in der Fischfabrik (heute Museum) mariniert und gelten bis heute als regionale Spezialität (Anguilla marinata). Dazu ein Gläschen Cuvée Bosco Eliceo, gekeltert aus den Trauben der Weingebiete rings um Comacchio.

Viele Brücken und Kanäle erinnern an Venedig. Verschiedene Zeitepochen und Völker haben in der bewegten Geschichte des reizenden Kleinodes ihre Spuren hinterlassen: Etrusker, Römer und Griechen, um nur einige zu nennen. Neben etlichen Sehenswürdigkeiten wie beispielsweise dem Glockenturm mit Aussichtsplattform, der architektonisch beeindruckenden Ponte Trepponti (1634) oder der zauberhaften Chiesa del Rosario macht ein Besuch des ehemaligen Krankenhauses San Camillo glücklich.

Ein Krankenhaus soll glücklich machen? Ja, denn in das 1778 bis 1784 errichtete und 1811 eingeweihte Gebäude ist das Museo Delta Antico eingezogen. Das moderne, bezaubernde und unglaublich vielseitige Museum informiert mithilfe zahlreicher technischer Raffinessen ausführlich über die spannende regionale Geschichte und gewährt ungewohnte Einblicke in den antiken Alltag im Po-Delta. Etliche Exponate stammen von einem 1981 aus einem nahen Kanal geborgenen römischen Frachtschiff.

Durch die „historischen Schlüssellöcher“ zu spicken, um dadurch am Leben der Etrusker, Römer oder Menschen im Mittelalter teilzunehmen, macht neugierig und bereitet sehr viel Spaß. Dank multimedialer Präsentation taucht man völlig in vergangene Kulturen ein und vergisst für kurze Zeit die Gegenwart. Eine perfekt inszenierte Zeitreise, die gekonnt den eigenen Horizont erweitert.

TIPP

Das Museum kann auch mithilfe einer spannenden einstündigen Führung entdeckt werden.

● Museo Delta Antico, Via Agatopisto Cromaziano 4, 44022 Comacchio, Tel. +39 (05 33) 31 13 16, www.museodeltaantico.com

I MUSEI
DI COMACCHIO

Große Tomate am Meer

46 Die Bronzekugel La Sfera Grande von Pesaro

Pesaro, ein lebendiger Badeort zwischen zwei Bergen, nämlich dem Monte San Bartolo und dem Monte Ardizio, bietet mit seinem rund 7 Kilometer langen Sandstrand erlebnisreichen Badespaß. Zahlreiche Badeanstalten laden an der Strandpromenade Viale Trieste mit bunten Sonnenschirmen ein.

Beliebter Treffpunkt für viele Einheimische und Besucher ist die Piazzale della Libertà. Dieser Platz, direkt am Meer gelegen, ist etwas Besonderes, da er gleich zwei einmalige Sehenswürdigkeiten präsentiert. Die Schönheit der zauberhaften Villino Ruggeri (1902–1907), einer dreigeschossigen kleinen Jugendstilvilla, erweckt sofort intensive Glücksgefühle, denn die vordere Fassade ist mit zauberhaften Motiven aus der Meeres- und Pflanzenwelt meisterhaft verziert. In Auftrag gegeben wurde das Gesamtkunstwerk von dem Pharmaindustriellen Oreste Ruggeri.

Ein weiteres glücklich machendes Ausnahmekunstwerk ist die La Sfera Grande, eine riesige Bronzekugel im Zentrum des Platzes. Sie scheint über einem runden Infinity Pool zu schweben und den herrlichen Ausblick auf das Meer zu genießen. In der glatten Wasseroberfläche spiegelt sich die Umgebung wider – ein genialer Einfall des Künstlers. Das Wahrzeichen der Stadt wurde von Arnaldo Pomodoro (*1926), einem der bedeutendsten Bildhauer der italienischen Nachkriegskunst, gefertigt. Seine abstrakte Handschrift ist unverwechselbar.

Der neugierige Betrachter erhält Gelegenheit, das Innere der zum Teil aufgebrochenen Kugel zu erleben. Zahllose geometrische Formen lassen sich entdecken. Von den Bänken rings um das spektakuläre skulpturale Kunstwerk – von den Pesaresi liebevoll „Palla di Pomodoro“ (Tomatenball) genannt – kann man den Geheimnissen der runden Kunst am besten näherkommen. Was für ein Glück, derartig schöne, einmalige Kunst an diesem beliebten Treffpunkt der Stadt erleben zu dürfen!

TIPP

Das an der Mole gelegene Ristorante L'Angolo di Mario (Lungomare Nazario Sauro) verwöhnt mit Fischgerichten.

● La Sfera Grande, Piazzale della Libertà, 61100 Pesaro

Charmant und beschaulich

47 Die Fondamenta della Misericordia in Venedig

Bester Tipp für einen gelungenen Venedig-Aufenthalt: sich einfach treiben lassen. Nur so lernt man die authentische Serenissima kennen und kommt schnell mit Einheimischen in Kontakt.

Ein solch herrlicher, entschleunigender Müßiggang bietet sich bestens im malerischen Viertel Cannaregio an, einem der sechs Stadtteile Venedigs. Für die meisten Touristen ist der zweitgrößte Bezirk der Lagunenstadt weniger interessant, da hier keine der berühmten Hotspots zu finden sind. Lediglich die Strada Nova mit ihren zahlreichen Souvenirshops und Fast-Food-Lokalen ist eine gern benutzte Verbindung zwischen Bahnhof und Markusplatz.

In Cannaregio leben und arbeiten überwiegend Einheimische. Der charmante Stadtteil punktet mit beschaulichem Miteinander, verwinkelten malerischen Gassen, kleinen traditionellen Handwerksbetrieben, ruhigen Plätzen, historischen Zeitzeugen wie dem einstigen Judenviertel und eben mit echtem venezianischem Leben.

TIPP

„Fondamenta" heißen in Venedig Sträßchen, die auf einer Seite von einem Kanal gesäumt sind.

Die bunte, erlebenswerte Vielfalt des Viertels spiegelt die Fondamenta della Misericordia mit ihren individuellen Bars, Cafés, Galerien und familiengeführten Geschäften wider. Beim genussvollen Schlendern passiert man auch das Ristorante Tintoretto (Nr. 2578) mit seinen köstlichen Fischgerichten oder die kunterbunte Trattoria Il Paradiso perduto (Nr. 2540), die abends oft Livemusik präsentiert.

Ein kurzer Stopp empfiehlt sich an einer der besten Eisdielen der Stadt: dem Bacaro del Gelato (Nr. 2499). Ausgestattet mit den eiskalten Köstlichkeiten in der Waffeltüte blickt man auf historische Häuserfassaden, denen die letzten Sonnenstrahlen ihren würdevollen und schönen Glanz verleihen. Und plötzlich spürt man es: dieses einmalige Gefühl tief empfundenen Glücks. Es ist jener Moment, in dem einfach alles passt. Oder um mit Goethe zu sprechen: „Werd ich zum Augenblicke sagen: Verweile doch! Du bist so schön!"

- Fondamenta della Misericordia, 30100 Venezia
- ÖPNV: Vaporetto 4.1, 4.2, 5.1, 5.2, Haltestelle Madonna dell'Orto

Paradies für Fashionistas

48 Corso Giuseppe Garibaldi in Ancona

Ancona, die pulsierende Hafenstadt, liegt bestens bewacht zwischen den Hügeln des Monte Conero, des Monte Astagno und des Monte Guasco. Diese strategisch günstige Lage stach griechischen Flüchtlingen aus Syrakus (Sizilien) sofort ins Auge und sie gründeten 376 v. Chr. die Siedlung Ancon (griechisch „Ellbogen"), das heutige Ancona. Kaiser Trajan (53–117 n. Chr.) ließ auf eigene Kosten den Hafen ausbauen. Der bald darauf einsetzende rege Handel bescherte Reichtum und Wohlstand. Bis heute erinnert der 18,5 Meter hohe und 3 Meter breite Trajansbogen am Hafen daran. Heute sind einige Piers für Kreuzfahrtschiffe und Fähren nach Griechenland, Albanien und Kroatien reserviert.

Am Hafen beginnt auch eine wahre Glücksmeile für alle Shoppingfans: der Corso Giuseppe Garibaldi. Die Prachtstraße besticht durch eine wundervolle Auswahl an unterschiedlichen Bekleidungsgeschäften und führt über die Piazza Roma mit dem zauberhaften 1559/1560 im Renaissancestil erbauten Calamo-Brunnen zum Hafen. Der breite Boulevard mit seinen historischen Häuserfronten lädt zum gemütlichen Bummel ein. Die hübsch dekorierten Schaufenster wetteifern – meist erfolgreich – um ihre Kunden. Das Gute an dieser abwechslungsreichen Einkaufsmeile ist, dass es sowohl für kleinere Geldbeutel als auch für unkonventionelle Geschmäcker das Passende gibt. Fashionistas werden hier glücklich gemacht. Besonders anziehend sind jene Geschäfte, die schicke italienische Mode offerieren, wie es beispielsweise bei Imperial Fashion der Fall ist, garantiert designt in Italien, und das schon seit 1978.

TIPP

Leckeres Streetfood gibt's bei Nino Pesciolino (Corso Giuseppe Mazzini 30 a), Thunfisch-Burger probieren!

Wer nach solch überwältigendem Shoppingglück eine Pause einlegen möchte – bitte sehr, auch dafür ist in der Prachtmeile bestens gesorgt. Das Caffè mit Restaurant und Weinbar Corso Garibaldi 134 (Nr. 134) beglückt seine Gäste unter anderem mit einem ausgezeichneten Frühstück auf der sonnigen Terrasse und veganen Produkten. Frisch gestärkt kann der Bummel dann weitergehen – es gibt ja noch so viel zu entdecken.

● Corso Giuseppe Garibaldi, 60121 Ancona

CORSO
GARIBALDI
TABACCHI

Rock around the clock

49 Piazzale Roma an der Promenade in Riccione

Riccione, der mondäne Badeort, begrüßt seit den 1930er-Jahren Badegäste; vor allem Familien mit Kindern und junge Urlauber kommen dank bester Unterhaltungsinfrastruktur hier voll auf ihre Kosten. Gern besuchte Glücksorte für die Jüngsten sind der 100.000 Quadratmeter große Wasserpark Aquafan mit einer Gesamtlänge an Wasserrutschen von mehr als 3 Kilometern und die unendlich langen, goldfarbenen, breiten Sandstrände mit zahlreichen Badeanstalten, beispielsweise dem Beach Village und seinen abwechslungsreichen Kinderprogrammen. Junge Aktivurlauber schätzen die sportlichen Möglichkeiten, wie Kitesurfen, Beachtennis oder Volleyball. Abends wird dann in einer der zahlreichen „In-Clubs" und Discos, hauptsächlich im Norden der Stadt, gefeiert.

TIPP

Das Bagni Mauro 78 links von der Piazzale zählt zu den beliebtesten Strandbereichen der Stadt.

Einer von Ricciones Hotspots ist die direkt am Meer gelegene Piazzale Roma. Hier beginnen auch die berühmte, noble Shoppingmeile Viale Ceccarini sowie die rund 3 Kilometer lange Promenade unmittelbar entlang der herrlichen Romagnolischen Riviera. Ein 2000 eingeweihter Brunnen bildet den gelungenen Mittelpunkt des Platzes. Manche sehen in der Fontana Bosco della Pioggia (Regenwaldbrunnen) des Lyrikers und Regisseurs Tonino Guerra (1920–2012) ein echtes Kunstwerk, für die anderen wiederum ist der Platz um den Brunnen ein Genussort, der zum Eisessen, Cocktailtrinken oder zum Treffen mit Freunden einlädt. Gegen Abend leuchten die 6 Meter hohen Säulen aus dunkelgrünem Glas, über die rote, für die Region typische Fischernetze gespannt sind und aus denen Wasser tropft. Dann wird die Piazzale in mystisches Licht getaucht. Nachdem die Sonne mit ihrem sensationell schönen Untergang ihre bewundernden Zuschauer beglückt hat, erwacht der Platz zum Leben.

Ob Live-Bands, Theateraufführungen oder andere Live-Acts: Während der Sommermonate ist hier jeden Abend was los. Abtanzen bis in den Morgen, mitsingen, bis die Stimme versagt, um danach ausgepowert, aber glücklich ins Bett zu fallen. Glücksgefühle pur!

● Piazzale Roma, nahe Lungomare della Libertà, 47838 Riccione

Kunst zum Nulltarif

50 Freilicht-Galerie im Altstadtkern von Mondolfo

Das sehenswerte Örtchen Mondolfo, malerisch im hügeligen Hinterland oberhalb des Flusses Cesano gelegen, beglückt mit beeindruckenden historischen Sehenswürdigkeiten und ist aus gutem Grund Mitglied in der Vereinigung „I Borghi più belli d'Italia" (Die schönsten Orte Italiens).

Ein gemütlicher Stadtrundgang führt unter anderem vorbei an der prächtigen 1479 erbauten Kirche San Sebastiano und dem Sferisterio, einem großen Platz, auf dem bis heute das traditionelle Ballspiel „Pallone al Bracciale", ein Vorläufer des Tennisspiels, zelebriert wird. Vom Glockenturm am Rathaus aus genießt man einen traumhaft schönen Meerblick.

Die gut erhaltene Bastione di Sant'Anna präsentiert einen herrlichen blühenden Innenhof mit Sitzbänken, die zum genüsslichen Verweilen einladen. Die Orangerie ist im Winter das Zuhause zahlreicher Orangen- und Zitronenbäume.

TIPP

Die Locanda Pinocchio in der Via La Bella 104 bietet authentische italienische Küche.

Neben diesen Highlights hat sich das Städtchen etwas Außergewöhnliches einfallen lassen, um seine Gäste glücklich zu machen: die „Mondolfo Galleria Senza Soffitto" (Galerie ohne Decke). Diese Ausstellung unter freiem Himmel verwandelt die Altstadt in ein großes, rund um die Uhr geöffnetes Freilichtmuseum. Nationale und internationale Künstler präsentieren ihre Werke an diversen Plätzen. So bietet beispielsweise eine historische Steinwand der Bastione Platz für gerahmte Fotografien und eine Treppe wird durch die passende Bemalung zu Klaviertasten umfunktioniert. Farbenfrohe Graffiti an Rollläden und lustige Skulpturen verbreiten gute Laune. Sehr originell ist auch der schwarze Oktopus, der mit seinen riesigen Tentakeln ein Haus „besetzt".

Die Galerie unter freiem Himmel, eine herrlich erfrischende, kreative Idee, bringt selbst Kunstmuffel dazu, sich mit moderner Kunst zu befassen, ganz spielerisch und völlig zwanglos. Ein tolles Erlebnis, das jeden glücklich macht, der sich darauf einlässt.

● Mondolfo Galleria Senza Soffitto, zum Beispiel Corso della Libertà, 61037 Mondolfo

Mondolfo
travart

Der Weg zum Glück

51 Mittelalterlicher Spaziergang durch Mondaino

Das mittelalterliche Städtchen Mondaino wird bewacht von der trutzigen Burganlage Rocca Malatestiana aus dem 15. Jahrhundert. Ebenfalls sehenswert ist die Chiesa di San Michele Arcangelo, ein entzückendes Kleinod, das innen mit barocker Leichtigkeit überzeugt. Bis heute befindet sich das 420 Meter hoch liegende historische Örtchen, das zu den schönsten Dörfern Italiens zählt, innerhalb seiner Stadtmauer. Der herrliche, halbrunde neoklassizistische Portikus an der Piazza Maggiore dei Mondaino dient wegen seiner ausgezeichneten Akustik im Sommer als Freilufttheater für zahlreiche Veranstaltungen. Ein weiteres Highlight ist das im August stattfindende Historienspektakel „Palio del Daino“, das nach dem von Siena zu den schönsten landesweit zählt.

TIPP

Das Restaurant Il Puledro mit Panoramablick in der Via Pieggia 30 offeriert leckere regionale Küche.

Das viertägige historische Fest mit bunt gemischtem Unterhaltungsprogramm sowie Speis und Trank nach historischer Rezeptur hat seine Wurzeln in der Historie des Städtchens. Denn eine Hälfte des Ortes liegt noch in der Provinz Romagna, die andere schon in den Marken. Deshalb gibt es in Mondaino alles doppelt: zwei Schulen, zwei Fußballvereine, zwei Rathäuser und zwei Dialekte. Beim Palio geht es – spielerisch natürlich – um die Vorherrschaft einer der beiden Teile des Städtchens.

Wer dieses Kleinod durch die Porta Marina betritt, wechselt mit einem Schritt von der Gegenwart ins Mittelalter. Dieses einmalige Flair zu genießen, durch die engen Gässchen zu schlendern und immer wieder schöne Details zu entdecken, lässt den Spaziergang zu einem unvergesslichen Erlebnis werden. Es müssen nicht immer spektakuläre Sehenswürdigkeiten sein! Wer beim Streifzug durch das mittelalterliche Ambiente die Augen offen hält und sich achtsam an den steinernen Zeitzeugen vorbeitreiben lässt, wird erstaunt feststellen, dass das Glück wie so oft direkt am Wegesrand zu finden ist.

- Stadtspaziergang durch Mondaino, möglicher Startpunkt am Friedhof: Cimitero, Via Cereto Tavoleto, 47836 Mondaino, www.mondaino.com

Süße Tränen des Meeres

52 Das Salzmuseum MUSA am Hafen in Cervia

Rund 20 Kilometer südlich von Ravenna liegt der verträumte Badeort Cervia, der mit einem herrlichen Sandstrand und zur Landseite hin mit würzig duftenden Pinienwäldern Erholungssuchende glücklich macht. Beim Bummel durch die hübschen Straßen mit ihrer charmanten Atmosphäre fällt der rechteckige Grundriss des Ortes auf. Gut beobachtet, denn das Städtchen wurde in der Renaissance auf dem Reißbrett entworfen und die Pläne zwischen 1698 bis 1740 realisiert. Aus dieser Zeit stammen auf der Piazza Garibaldi auch die hübschen zweistöckigen Wohngebäude in zarten Pastellfarben, das Zuhause der damaligen Salzbauern, die in den Salinen ihr karges Brot verdienten.
Cervia war seit dem Mittelalter die Stadt des Salzes. Hier wurde bis 1959 in ca. 145 Salinen in mühsamster Handarbeit und jährlicher Mehrfachernte das „Weiße Gold" gewonnen. Vom Hafen aus, der um einen künstlichen Kanal herum angelegt wurde, verschiffte man anschließend das begehrte Gut in alle Welt. Bis heute zählt das edle Salz von Cervia wegen seiner Reinheit und des dezent „süßlichen", vorzüglichen Geschmacks zu den besten des Landes und wird sowohl von Sterneköchen, Gourmets als auch von Hobbyköchen geschätzt.
Zur dauerhaften Erinnerung und Wertschätzung dieses wichtigen Kulturerbes der Stadt wurde 2004 das Salzmuseum MUSA eröffnet. Es informiert unter anderem über frühere handwerkliche Methoden zur Gewinnung des „süßen Salzes" und das entbehrungsreiche, harte Leben der „Salinari" (Salinenarbeiter). Mit dem Magazzino Torre im Hafen, dem historischen ausgedienten Salzspeicher, wurde der perfekte Ausstellungsort gefunden. Wer hier in die Geschichte der Stadt eintaucht, versteht, warum Salz einst wertvoller war als Gold. Heute ist es glücklicherweise ein Lebensmittel des täglichen Bedarfs und für alle erschwinglich. Im Anschluss an den Museumsbesuch genießt man das Gefühl der Wertschätzung dieses lebensnotwendigen Produkts aus Sonne und Meer. Denn Salz ist und bleibt die Würze des Lebens!

TIPP
Im Museumsshop hübsch verpackte Proben des „süßen Salzes" als schönes Mitbringsel erwerben.

- MUSA, Via Nazario Sauro 24, 48015 Cervia, Tel. +39 (05 44) 97 75 92
  www.musa.comunecervia.it
- ÖPNV: Bus F041, Haltestelle Paratoie

Versteckte Ruheoase

53

Auf dem Campo dei Carmini in Venedig

Wer Venedigs zweitgrößten Platz, den Campo Santa Margherita mit zahlreichen Trattorien, Eisdielen, kleinen Geschäften, Bars und Cafés besucht, befindet sich inmitten pulsierenden venezianischen Lebens. Kaum vorstellbar, dass sich wenige Meter entfernt ein kleiner, beschaulicher Platz befindet, der mit einer Seite malerisch an die Fondamenta del Soccorso grenzt – eine wundervolle Ruheoase, wie man sie in der belebten historischen Altstadt nur sehr selten findet.

Auf dem an drei Seiten mit Häuserfronten malerisch eingerahmten hübschen Campo dei Carmini präsentiert sich die zauberhafte dreischiffige Kirche Santa Maria dei Carmine. Das gotische Gotteshaus mit seiner reizenden Renaissance-Fassade aus Ziegeln, Marmor und den heiter geschwungenen Giebeln lädt zu einer erholsamen Pause ein.

Für Venezianer ist die mit zahlreichen, wertvollen Kunstschätzen üppig ausgeschmückte Kirche einfach nur „I Carmini". Wegen ihrer opulenten, geschichtsträchtigen Pracht aus verschiedenen Jahrhunderten wird sie gerne als Glücksort für Hochzeiten und Taufen genutzt.

Nach der Besichtigung des Gotteshauses kann man auf den Stufen zum Kanal Platz nehmen und in aller Ruhe das eben Erlebte Revue passieren lassen; oder man schaut einfach nur auf die Wasserfläche, in der sich – wie von Zauberhand – glitzernd die umliegenden Gebäude widerspiegeln. Leise und monoton klatschen die kleinen Wellen gegen die Kanalmauer, was eine fast schon meditative Wirkung entfaltet und ungemein beruhigt. Hier, an dem fast menschenleeren Platz, ist der perfekte Ort, seinen Gedanken nachzugehen oder zu versuchen, einfach mal an nichts zu denken. Ab und zu gleitet majestätisch und lautlos eine Gondel vorbei, von der aus Touristen lustig winken. Vergnügt winkt man zurück – so einfach geht Glück!

TIPP

Die leckeren Pizzen der Pizzeria Al Profeta (Dorsoduro 2671) kann man auch im schönen Innenhof genießen.

- Campo dei Carmini, 30100 Venezia
- ÖPNV: Vaporetto 1, Haltestelle Ca'Rezzonico

Dem Genie auf der Spur

54 Raffaellos Geburtshaus in Urbino

Trutzige Burganlagen, imposante Befestigungsmauern und repräsentative, weitläufige Paläste prägen das Erscheinungsbild der mittelitalienischen Region Marken. Wie auch in Urbino, einer kleinen, lebendigen Universitätsstadt mit rund 15.000 Einwohnern, ausgesprochen dekorativ in rund 490 Metern Höhe auf einem Ausläufer des nördlichen Apennins platziert.

Seine Blütezeit erlebte der Ort im 15. und 16. Jahrhundert. Zahlreiche Palazzi und andere Gebäude erzählen bis heute von der das Stadtbild nicht nur architektonisch prägenden Epoche. Berühmtestes Bauwerk der UNESCO-Weltkulturerbe-Stadt ist natürlich der alles überragende prunkvolle Palazzo Ducale (1463–1472). Er verfügt über mehrere Hundert Räume, in denen unter anderem die sehenswerte „Galleria Nazionale delle Marche“ logiert – ein faszinierendes Gesamtkunstwerk der Renaissance. Ein weiteres Highlight in der fröhlichen Studentenstadt ist der mächtige Duomo di Urbino, ein würdevolles Gotteshaus mit klassizistischem Innenraum.

Der sicherlich bekannteste Sohn der Stadt, der berühmte Maler Raffaello Sanzio (1483–1520), kurz Raffael genannt, einer der bedeutendsten Renaissancekünstler Italiens, erblickte in der Via Raffaello 57 das Licht der Welt. Heute beherbergen die Räumlichkeiten ein Museum, in dem liebevoll zusammengestellte Details über das Leben des Künstlers, der auch Baumeister der Peterskirche in Rom war, informieren. Hier lernt man auch den privaten Menschen Raffaello kennen, erfährt viel über seine Jugend und bekommt spannende Einblicke in den Alltag der Familie Sanzio.

Dem kreativen Kunstschaffenden so nahe sein zu dürfen, berührt. Beim Schlendern durch die Zimmer mit zeitgenössischen Möbeln spürt man förmlich noch den Geist dieses Genies. Einmal in Urbino, gehört es quasi zum Pflichtprogramm, ihm seine Aufwartung zu machen und ihm zu danken, dass er auch heute noch mit seinen unsterblichen Werken glücklich macht.

TIPP

Im zentralen Caffè Basili (Piazza della Repubblica 1) treffen sich gerne Einheimische und Studenten.

● Casa Natale di Raffaello, Via Raffaello 57, 61029 Urbino

CASA
NATALE
DI
RAFFAELLO

Zu Gast bei den Heiligen

55 Cattedrale Santa Maria Assunta in Chioggia

Majestätisch erhebt sich der Glockenturm der Cattedrale Santa Maria Assunta di Chioggia und blickt beschützend über das Städtchen. Der vom eigentlichen Gotteshaus getrennt stehende 56 Meter hohe Glockenturm zeigt sich im romanischen Stil. Die größte seiner sechs Glocken wiegt 1,3 Tonnen. Der Durchmesser der Turmuhr (1686) beträgt gute 4 Meter. Gleich daneben liegt das dazugehörige Gotteshaus, auf Tempelfundamenten nach Plänen des Architekten Baldassare Longhena (1598–1682) erbaut. Im Sommer lädt der wunderbare, sehr schön angelegte kleine Park vor der Kirche zu einer angenehmen Rast ein.
Die schlichten, unverputzten Backstein-Außenwände der Kathedrale von Chioggia lassen nicht erahnen, dass das Kircheninnere mit barocker Fröhlichkeit und spiritueller Atmosphäre glücklich macht. In den beiden Außennischen des größten Gebäudes der Stadt haben die beiden Stadtheiligen (Märtyrer) – die Brüder Felice und Fortunato – ihr Zuhause.
Im Inneren lassen sich zahlreiche Gemälde und Altarbilder berühmter Künstler aus dem 17. und 18. Jahrhundert entdecken und bestaunen. Die zauberhafte Kapelle San Felice und Fortunato ist den beiden Heiligen gewidmet. In der prächtigen silbernen Urne liegen die Reliquien der Stadtbeschützer.

TIPP

Am 11. Juni zelebrieren die Chioggiotti eine feierliche Prozession zu Ehren der beiden Schutzheiligen.

Chioggias Einwohner lieben und verehren ihre Heiligen sehr, weshalb für sie der regelmäßige Besuch der Cattedrale obligatorisch ist. Hier ist man ihnen sehr nah und kann ihnen all seine Probleme und Sorgen mitteilen, denn sie sind absolut gute Zuhörer. Die Bitte um Rat für schwierige Situationen ist ebenso möglich wie das Teilen positiver Erlebnisse – wie mit guten Freunden eben auch. Man kann aber auch die wohltuende Stille einfach in sich aufnehmen, zur Ruhe kommen und still genießen. Zum Abschluss bedankt man sich bei den Heiligen für die schöne Zeit in Chioggia, die man erleben durfte. Beim Verlassen dieses spirituellen, wunderbar magischen Ortes kehrt man beglückt und gestärkt ins reale Leben zurück.

● Cattedrale Santa Maria Assunta di Chioggia, Rione Duomo 77, 30014 Chioggia, Tel. +39 (0 41) 40 04 96, www.cattedralechioggia.it

Geliebter Mikrokosmos

56 Tobacco Bar Lisi Fabio am Stadtrand von Pesaro

Von außen betrachtet eher unscheinbar präsentiert sich das Tabakwarenlädchen mit angrenzender überdachter Terrasse am Stadtrand Pesaros. Im Innenraum eröffnet sich das gut sortierte Angebot an unterschiedlichsten Tabakwaren inklusive bester Fachberatung. Ist die gewünschte Marke nicht auf Lager, wird sie komplikationslos umgehend bestellt, was die zahlreichen Stammgäste sehr zu schätzen wissen. Aber auch Nichtraucher kaufen in dem kleinen Kiosk gerne ein. Beispielsweise Knabbergebäck, Kaffee, SIM-Karten, süßes Gebäck, das nichts für pingelige Kalorienzähler ist, und für die jüngsten Gäste Süßigkeiten, die preislich sicherlich nicht das Taschengeld sprengen. Mutige, die ihr persönliches Glück herausfordern und forcieren möchten, erwerben Glückslose oder spielen Lotto.

TIPP

Das Stadio baseball Norberto Crinelli in der Via Palestro lädt zu spannenden Baseballturnieren ein.

Aber der Kiosk bietet noch viel mehr! Es ist ein angesagter Meetingpoint für die Bewohner des Viertels und damit eine glücklich machende Institution, die man deshalb genauso regelmäßig wie gerne besucht. Hier erfährt man die Breaking News aus dem Städtchen, pflegt nachbarschaftliche Beziehungen und tauscht sich rege aus. Wenn es im Innenraum zu eng wird, geht man einfach mit seinem Kaffee oder Campari auf die Terrasse und nimmt auf einem der feuerroten Stühle an einem runden Tischchen Platz.

Der Treffpunkt ist ein Ort schöner Begegnungen in herrlich zwangloser, entspannter Atmosphäre. Der Zusammenhalt im Viertel wird gestärkt, Nachbarschaftshilfe auch wirklich gelebt und das Gefühl der Zugehörigkeit ehrlich vermittelt. Hier muss niemand lange allein bleiben, der nicht möchte. Dieser unscheinbare, wundervolle Mikrokosmos ist zwar – architektonisch gesehen – ein kleiner Ort, für die Einheimischen aber ein bedeutender Glücksort, den man mit einem Lächeln auf dem Gesicht zufrieden verlässt und sich dabei schon auf den nächsten Besuch freut. Oder um es in den Worten der Schriftstellerin Pearl S. Buck zu sagen: „Denn die wahre Lebenskunst besteht darin, im Alltäglichen das Wunderbare zu sehen!"

Tobacco Bar Lisi Fabio, Via Italo Bonino Bonini 69, 61122 Pesaro,
Tel. +39 (07 21) 45 60 89

Ganz individuell genießen

57 Mit dem Fahrrad durch Ravenna

Das zauberhafte Ravenna nahe der Adriaküste liegt in der abwechslungsreichen Region Emilia-Romagna. Wer durch die herrliche Altstadt schlendert, atmet bei jedem Schritt tausendjährige Geschichte ein. Venezianer, Langobarden, Ostgoten und etliche Kaiser haben hier ihre steinernen Spuren hinterlassen. Die Dichte an kostbaren Kunstschätzen und deren sehr guter Zustand beeindruckt und ist vor allem für kunstgeschichtlich Interessierte ein wahrer Glücksquell. Nicht umsonst dürfen sich insgesamt acht Baudenkmäler inklusive der weltberühmten Mosaike mit dem Titel UNESCO-Weltkulturerbe schmücken.

Die schönste und individuelle Art, die einstige Hauptstadt des Weströmischen Reiches kennenzulernen, ist von einem Drahtesel aus. So lässt sich entspanntes Radeln mit spannendem Sightseeing angenehm verbinden. Ravenna liegen die ciclista (Radfahrer) sehr am Herzen. Daher hat sich die Stadt zu einer nachahmenswerten Aktion entschlossen: Gegen Hinterlegung einer geringen Kaution erhält man beim Tourismusamt ein Fahrrad – und zwar gratis.

TIPP

Mit dem Kombiticket kann man kostengünstig drei (mit Aufpreis fünf) Sehenswürdigkeiten besuchen.

Gestartet wird auf der schönen Piazza San Francesco mit ihrer herrlichen Kirche und dem fast 33 Meter hohen Campanile – sehenswert! Jetzt kann's losgehen! Was für ein herrliches Gefühl, im eigenen Rhythmus nach persönlichem Gusto auf den Fahrradwegen entlangzurollen – vorbei an prächtigen Sehenswürdigkeiten wie der achteckigen Basilika San Vitale mit ihren mehr als 1000 Jahre alten, atemberaubend schönen Mosaiken oder, unmittelbar nebenan, dem Mausoleum der Kaiserin Galla Placida, das ebenfalls mit wunderschönen Mosaiken verziert ist.

Weiter geht's zur zauberhaften Piazza del Popolo, dem „Wohnzimmer" der Einheimischen. Der Fahrradweg führt durch die breite Fußgängerzone, eine unterhaltsame Shopping-Meile, in der es viel zu entdecken gibt. Was für ein Glück, diese genussvolle Art des Sightseeings gewählt zu haben – sonst wäre einem einiges entgangen. Zum Beispiel das authentische italienische Leben hier.

- Ravenna Tourist Office, Piazza San Francesco 7, 48121 Ravenna, Tel. +39 (05 44) 3 54 04, www.turismo.ra.it
- ÖPNV: Bus 90, Haltestelle Semaforo di Roma-Costa

Grüne Oase der Ruhe

58

Im Park an der Piazza Rinascimento in Urbino

Das Städtchen Urbino, malerisch in der herrlichen Landschaft der Marken gelegen, gilt als Wiege der italienischen Renaissance. Der mittelalterliche Stadtkern erstreckt sich hinauf zum Hügel. Dabei passiert man historische Häuser aus rotbraunen Backsteinziegeln, die durch ihre massive Bauweise den Eindruck erwecken, für die Ewigkeit gebaut worden zu sein. Zu den Hauptsehenswürdigkeiten zählt der prunkvolle Palazzo Ducale, errichtet zwischen 1463 und 1472. Auftraggeber war der vermögende Feldherr Federico da Montefeltro (1422–1482), einflussreicher Kunst- und Kulturmäzen, der Urbino zur idealen Stadt der Renaissance gestalten wollte.

Das Entdecken der Altstadt kann sich mitunter durch steile Gassen und Sträßchen etwas anstrengend gestalten. Deshalb empfiehlt es sich, etwas Zeit für kleine Pausen zwischendurch einzuplanen, vor allem während der heißen Sommermonate. Einer dieser erholsamen Orte, die charmant zu einer angenehmen Rast einladen, ist die zauberhafte kleine grüne Oase bei der Piazza del Rinascimento. Eine absolute Rarität in Urbino, da das Städtchen nur sehr wenige Grünflächen aufzuweisen hat. Wer den mächtigen Palazzo Ducale besucht, in dem unter anderem seit 1912 die Nationalgalerie der Marken logiert, kommt automatisch an dem Platz vorbei. Das grüne Idyll wird an drei Seiten malerisch von historischen Häuserfronten eingerahmt. Die Gebäude gehören zum Palazzo Ducale, die gegenüberliegende Scuola di Farmacia zur Universität. Inmitten dieses romantischen Innenhofs wächst eine stattliche Kiefer, die wegen ihres hohen Alters sicherlich viele spannende Geschichten erzählen könnte. Nimmt man im Schatten der grünen Seniorin auf den alten Steinmauern Platz, kann man dem glücklichen Gesang der Vögel lauschen, die in dem alten Baum ihr Zuhause gefunden haben. Obwohl nur einen Steinwurf von der touristischen Hauptattraktion entfernt, herrscht hier wunderbare Ruhe und friedvolle Stimmung. Ein herrlicher Ort, um sich auszuruhen, und ein erholsamer Glücksort für müde Füße.

TIPP

Direkt gegenüber lädt die Enoteca Atabulus (Piazza Rinascimento 7) in den romantischen Innenhof ein.

● Kleiner Park an der Piazza del Rinascimento, Ecke Viale Salvalai, 61029 Urbino

Der Schutzpatron lädt ein

59 Scuola Grande di San Teodoro in Venedig

Den heiligen Teodoro, den ersten Schutzpatron Venedigs, auf seiner Seite zu wissen, kann sicherlich nicht schaden. So dachten vielleicht auch die Mitglieder der Scuola Grande di San Teodoro, als sie 1258 die heute älteste Scuola gründeten und sie nach ihrem verehrten Heiligen benannten. Wobei die Bezeichnung Scuola (Schule) etwas irreführend ist, denn anders als in der heutigen Zeit verstand man in der einstigen Republik Venedig darunter eine Art karitativ arbeitende Bruderschaft, die sich unter anderem um Sterbebetreuung, Begräbnisse und Versorgung der Angehörigen kümmerte. Darüber hinaus zählte auch prachtvolles Inszenieren von beispielsweise Prozessionen, Festen und natürlich auch das Repräsentieren mit prunkvollem Gebäude für die jeweiligen Zusammenkünfte zu ihren Aufgabengebieten.

Das palazzoartige Zunftgebäude der Scuola Grande di San Teodoro wurde von 1579 bis 1613 auf dem kleinen Campo San Salvador errichtet. Bereits der Anblick der traumhaft schön gestalteten barocken Außenfassade des zweistöckigen Versammlungsortes macht glücklich. Im Erdgeschoss mit filigran gearbeiteten Stuckelementen werden zwei große Fenster und ein dekoratives Eingangsportal von sechs Säulen harmonisch eingerahmt. Auf dem Dach begrüßen San Teodoro und vier Engel in Form monumentaler Marmorfiguren alle Besucher.

Abends verwandeln sich die herrlichen Räumlichkeiten in musikalische Glücksorte allererster Güte. Besonders beeindruckend sind im historischen Kapitolinischen Saal die konzertanten Aufführungen der „I Musici Veneziani", eines 1996 gegründeten Orchesters, das in original historischen Barock-Kostümen in das 17. und 18. Jahrhundert entführt. Verzaubert lauscht man den Klängen des berühmten Werkes „Le quattro stagioni" (Die vier Jahreszeiten) des virtuosen, in Venedig geborenen Komponisten Antonio Lucio Vivaldi und gibt sich glücklich der Musik hin. Welch ein Genuss!

TIPP

Die Gelateria Al Teatro in der Calle del Teatro o de la Commedia 4772 verwöhnt mit eiskalten Köstlichkeiten.

● Scuola Grande di San Teodoro, Campo San Salvador, Siestiere San Marco 4810, 30124 Venezia, Tel. +39 (0 41) 5 28 72 27, www.scuolagrandesanteodoro.it
● ÖPNV: Vaporetto 2, Haltestelle Rialto

XXV Stagione dei Concerti 2021
I Musici Veneziani
Orchestra e cantanti in costumi del XVIII secolo
Orchestra and singers in XVIII century Venice costumes
I Musici Veneziani
Barocco e Opera
Tomorrow
Tonight

Place to be

60 Die Weinbar Vino al Vino in Ancona

Vorstellungen über das Paradies sind höchst individuell und können vom karibischen Sandstrand bis in fernöstliche Welten reichen. Ancona verfügt über einen bezaubernden kleinen Ort, von dem Einheimische und Gäste beinahe jeden Alters sagen, er sei das persönliche Paradies und mache glücklich. Wegen seiner Nähe zum Hafen und der quirligen Shoppingmeile Corso Garibaldi ist er leicht zu finden. Dieser „Himmel auf Erden“ ähnelt einem bequemen Wohnzimmer mit chilliger, dezenter Jazzmusik im Hintergrund. In behaglicher Umgebung kann man bestens über das Leben philosophieren und neue nette Menschen kennenlernen. Zudem genießt man guten regionalen Wein und verkostet leckere Gerichte zu erfreulich moderaten Preisen. Es ist ein „Place to be“, um perfekt abzuhängen und die angenehme Stimmung zu genießen.

TIPP
Alle angebotenen Weine können auch online bestellt werden (www.lacantinaprivata.it).

Doch jetzt sei endlich verraten, um welchen irdischen Glücksfall es sich handelt: Vino al Vino heißt ein kleines Bistro, wobei die Bezeichnung „klein“ wörtlich zu nehmen ist. Daher ist – vor allem am Wochenende – eine Reservierung empfehlenswert.
Wer Lust hat, bestellt sich zu seinem Glas Wein – beispielsweise einem Special Brut Lacrima Rosé Lucchetti aus Morro d'Alba oder einem Bucci Verdicchio Classico aus den Marken – eine kleine Köstlichkeit dazu. Wie wäre es zum Beispiel mit einer Scheibe Röstbrot, belegt mit wundervoll schmackhaftem Burrata (Frischkäse aus Apulien), regionalen Tomaten und Leccino-Öl aus der Toscana? Oder doch lieber eine Piadina (Fladenbrot) bzw. Focaccia, belegt mit Mortadella, Gemüse und rohem Schinken? Die ebenfalls selbst gemachten legendären Kartoffelgnocchi mit Scamorza (geräucherter Käse aus Mittel- und Süditalien) zu probieren, ist fast schon ein kulinarisches Muss.
Es ist die Mischung aus verschiedenen Komponenten, die für das Vino al Vino als perfekten Glücksort sprechen: unkompliziertes Miteinander, heimelige Atmosphäre und leckeres Essen sowie sorgsam ausgesuchte Weine. Hier wird tagtäglich aufs Neue mit viel Liebe und Herzblut agiert – perfekte Zutaten, um die Gäste glücklich zu machen!

● Vino al Vino – Enoteca e Bistrot, Via Astagno 9, 60122 Ancona,
Tel. +39 (03 39) 6 77 16 05, www.vinoalvinobistrot.it

Glückliche Meeresbewohner

61 La Fontana del Nuotatore in Riccione

Riccione ist die Urlaubsdestination schlechthin. Jeder Gast findet hier seine individuellen Zutaten für gelungene Ferien. Meist genügt die vorgesehene Ferienzeit nicht, die persönliche To-do-Liste komplett „abzuarbeiten". Deshalb gibt es zahlreiche Stammgäste, die zum Teil seit den 1960er-Jahren jedes Jahr wiederkommen und deren Kinder diese herrliche Tradition mittlerweile pflegen und sich hier, inzwischen erwachsen geworden, ebenfalls sehr wohlfühlen.

Allen Erholungsuchenden gemeinsam ist der Besuch des über 6 Kilometer langen Strandes. Und auch eine weitere Attraktion, der 1987 eingeweihte Freizeitpark Aquafan, gehört fast schon zum Pflichtprogramm, vor allem bei Familien mit Kindern. Allein die Wasserrutschen in Europas größtem Wasserpark locken mit mehr als 3 Kilometern Gesamtlänge. Ein unterhaltsamer Bummel auf der neu gestalteten 3 Kilometer langen Promenade mit herrlichen Grünanlagen und Bänken zum Ausruhen rundet den Urlaubstag perfekt ab.

Sehen und gesehen werden lautet das Motto beim allabendlichen Schaulaufen durch die Viale Dante und die Viale Ceccarini. Letztere beginnt an der Piazzale Vincenzo Ceccarini mit dem 1938 aus weißem Travertin erbauten Palazzo Del Turismo (Nr. 11), in dem sich auch das Tourismusbüro befindet. Unbestrittene Zierde des hübsch angelegten Platzes aber ist der zauberhafte Brunnen La Fontana del Nuotatore (Schwimmerbrunnen). Er wurde 1958 von einer wohlhabenden Mailänder Familie im Gedenken an ihren im Alter von 18 Jahren verstorbenen Sohn gestiftet. Detailgetreu gestaltete bronzene Meerestiere erheben sich aus dem mit Mosaiksteinen bunt gestalteten Wasserbecken, necken sich und spielen glücklich miteinander – welch zauberhafter Anblick! Ein Schwimmer dreht, unberührt vom lustigen Treiben, seine Runden. Ganz anders ergeht es den Zuschauern, die sich an dem unterhaltsamen Spiel der Wasserbewohner erfreuen und anschließend mit einem glücklichen Lächeln im Gesicht zu ihrem Abendspaziergang aufbrechen.

TIPP

Im Tourismusbüro kann man kostenloses WLAN benutzen, im ersten Stock gibt es wechselnde Ausstellungen.

● La Fontana del Nuotatore, Piazzale Vincenzo Ceccarini, 47838 Riccione

Knusprige Spezialität

62

Im Caffè Raffaello in der Altstadt von Urbino

Das faszinierende Städtchen Urbino gilt als eines der schönsten und besterhaltenen Beispiele italienischer Renaissance. Eine harmonische Komposition aus ockerfarbenen historischen Sandsteinhäusern, schmalen, steilen Gässchen, verwinkelten Sträßchen, die sich den Hügel hinaufziehen, und verträumten Plätzen. Der repräsentative Palazzo Ducale (Herzogpalast, 1463–1472) ist die Hauptsehenswürdigkeit. Hinter den gewaltigen Steinmauern wurde bedeutende, einflussreiche Geschichte geschrieben.

Einer der wichtigsten und mächtigsten Männer der Stadt war Federico da Montefeltro (1422–1482), sehr erfolgreicher Condottiere (Söldnerführer), cleverer Geschäftsmann und in seiner Position als Herzog von Urbino großer Mäzen von Kunst und Literatur. Unter seiner Regentschaft entstand der überaus prunkvolle Palazzo Ducale. Weilte der Herzog im Palast, pflegte er einfache Mahlzeiten zu sich zu nehmen. Seinen illustren Gästen jedoch wurde in den repräsentativen Sälen nur Allerfeinstes opulent aufgetischt. Da gab es beispielsweise anstelle einer einfachen Focaccia (Fladenbrot) die von den Palastköchen kreierte goldgelbe „Crescia sfogliata dei Urbino". Dabei handelte es sich um die Erweiterung des Fladenbrotes mit kostbaren Zutaten, wie dem zu jener Zeit kostspieligen und raren Pfeffer.

TIPP

In der Degusteria Raffaello (Via Bramante 8) kann man auch Wein aus den Marken verkosten und kaufen.

Diese köstliche, knusprige Urbino-Spezialität kann man heutzutage unter anderem im kleinen, nostalgisch anmutenden Caffè Raffaello genießen – wahlweise auf der begrünten Terrasse, an einem der Tischchen vor dem Laden oder in herrlich entspannter Atmosphäre zwischen Einheimischen direkt an der Bar.

„Cresce" werden mit unterschiedlichen leckeren Füllungen offeriert. Aber auch die Sandwiches oder die Salami-, Schinken- und Käsespezialitäten aus der Region verwöhnen jeden noch so anspruchsvollen - Gaumen. Denn beste Qualität der Zutaten, Regionalität und viel Liebe bei der Zubereitung sind die zuverlässigen Garanten für diese Schmankerl, die nicht nur satt, sondern auch glücklich machen!

● Caffè Raffaello & Vineria, Via Raffaello 41, 61029 Urbino, Tel. +39 (07 22) 32 95 34

TIPICA LOCALE
(NON E' IL KEBAB!!)
CRESCE SFOGLIATE
PANINI CALDI ·
PIADINE · TAGLIERI
DI SALUMI E FORMAGGI
ARTIGIANALI LOCALI ·
INSALATE VARIEGATE
PIATTI FREDDI ·
ZUPPE E PRIMI CALDI

Kleine Steine, große Kunst

63 Workshop in der Mosaikschule in Ravenna

Ravenna verzaubert mit großartigen Sehenswürdigkeiten. Sie stammen hauptsächlich aus frühchristlicher Zeit und acht von ihnen gehören zum UNESCO-Weltkulturerbe. Hierzu zählen unter anderem die Chiesa San Vitale (6. Jahrhundert), die Basilica di Sant'Apollinare Nuovo, prächtige Hofkirche des Ostgotenkönigs Theoderich, sowie das achteckige Baptisterium, ältestes Gebäude der Stadt. Allen acht UNESCO-Glanzstücken ist eines gemeinsam – die schönsten Mosaike der Welt im Inneren der Bauwerke.

Bei dieser Gattung der Bildenden Künste werden verschiedenfarbige und unterschiedlich geformte Stein- bzw. Glasteilchen so aneinandergelegt, dass ein Gesamtbild entsteht. Diese exzellente Mosaikkunst auf sehr hohem Niveau erlebte im 5. und 6. Jahrhundert in Ravenna ihre glorreiche Blütezeit. Die unglaublich faszinierende Strahlkraft der Farben – sattes Grün, durchdringend leuchtendes Blau, feuriges Rot und verheißungsvoll schimmerndes Gold – fasziniert bis heute. Für die goldenen Mosaiksteine (Tesserae) beispielsweise überzog man einfache transparente Glassteine mit echtem Blattgold.

TIPP

Die renommierte Mosaikschule bietet Interessierten auch gute Online-Kurse an.

Wer sich in Ravenna nicht nur mit dem Betrachten der einmalig schönen Mosaiken begnügen, sondern sich selbst ein künstlerisches Vergnügen gönnen möchte, dem sei die seit 1969 bestehende traditionelle Mosaic Art School mit ihren Kursen und Workshops empfohlen. Die Kursteilnehmer kommen aus aller Welt; der kreative Prozess wird von einer professionellen Künstlerin gefördert und der Mut, etwas con mani (mit den Händen) zu erschaffen, dabei sanft unterstützt. Es ist ein unbeschreiblich schönes Glücksgefühl, wenn man am Ende eines Workshops sein selbst entworfenes und geschaffenes Mosaik in den Händen hält. Eine Mischung aus Stolz, etwas derart Individuelles und Kreatives geschaffen zu haben, und tiefer Befriedigung, dass das gelungene Endprodukt gefällt. Und vielleicht hat jetzt der ein oder andere für sich ein neues erfüllendes Hobby entdeckt.

- Mosaic Art School „Luciana Notturni", Via Francesco Negri 14, 48121 Ravenna
www.mosaicschool.com
- ÖPNV: Bus 5, Haltestelle Teatro Alighieri

Maritime Delikatesse

64 Fischsuppe probieren im Mamadera in Fano

Essen und Trinken besitzen in Italien Kultstatus, spielen im Leben der Menschen bedeutende Rollen und werden liebevoll ausgiebig zelebriert. Italiener sind glücklich über ein Abendessen mit Freunden oder der Familie, das sie als beinahe schon gesellschaftliches Ereignis feiern. Essen ist fast nie eine lästige Nebensache, sondern ein angenehmes Erlebnis, das den Tag positiv bereichert.

Jede Region und Stadt verwöhnt mit speziellen kulinarischen Raritäten, die diese Gegend beschreiben, von regionaler Tradition erzählen und die man nur hier im Original erhält. In Venedig sind es beispielsweise die köstlichen Cicchetti, mit unterschiedlichen Zutaten belegte Weißbrotscheiben. Das Piemont hingegen ist berühmt wegen seiner Trüffel, Genua wegen seines Pestos und Rom wegen seiner Supplì, kleinen frittierten Reisbällen mit verschiedenen Füllungen.

Auch in dem hübschen Hafenstädtchen Fano gibt es eine Spezialität, die eng mit der Geschichte des Ortes und der direkten Lage am Meer verbunden ist: die Brodetto alla Fanese. Die Fischsuppe mit ihren zahlreichen Varianten entlang der Küste galt lange Zeit als „Resteessen" der Fischer. Sie bereiteten den Eintopf mit zu kleinem oder nicht mehr zu vermarktendem Fisch direkt auf ihren Schiffen zu. Das Geheimnis einer perfekten, mit gerösteten Brotscheiben servierten Bouillabaisse aus Fano liegt in der Reihenfolge, mit der die fischigen Zutaten in den Topf gegeben werden, um dadurch ein perfektes Garen zu ermöglichen.

Eine gute Brodetto sollte mindestens zwei Stunden köcheln, ehe sie serviert wird. Dazu ein Glas Verdicchio, ein gefälliger Weißwein aus den Marken und das kulinarische Glück ist perfekt! Authentische Brodetto gibt es unter anderem in der urigen Taverna del Ghiottone im Gourmet-Restaurant AlMare oder in einem der Strandlokale wie dem Mamadera, einem weiteren Glücksort in puncto perfekter Fischsuppe.

TIPP

Im Herbst feiert man das Brodettofest, bei dem Fischsuppen Hauptakteure sind (www.festivalbrodetto.it).

● Brodetto alla Fanese, Ristorante Mamadera, Viale Adriatica 7 a, Lungomare Sassonia, 61032 Fano, Tel. +39 (07 21) 82 40 99

mamadera
RISTORANTE

Paradies für Leseratten

65

In der Biblioteca San Giovanni in Pesaro

Erholsamer Badespaß unter strahlend blauem Himmel an den schönen Sandstränden des charmanten Städtchens Pesaro verheißt perfektes Urlaubsglück. Doch diese Idylle kann selbst im sonnigen Süden nicht jeden Tag erfüllt werden, denn ab und zu gibt es Regentage oder die Temperaturen des „bestellten" sonnigen Wetters sind einfach zu hoch. Damit auch solche Tage beglücken, bietet sich ein Besuch der wundervollen öffentlichen Biblioteca San Giovanni bestens an. Die Bibliothek ist ein solcher Ort, ein glücklich machendes Eldorado für alle großen und kleinen Leseratten. Dieser historische Ort lohnt den Besuch aber auch für alle anderen, denn die ansprechenden, ab 1998 im modernen Stil restaurierten Räumlichkeiten (rund 2000 Quadratmeter) befinden sich in den ehemals prachtvollen Klostermauern. Hier dominieren mutig geschwungene gotische Bögen mit ihren Fresken, man sitzt auf und zwischen stylischem Interieur in angenehmer, ruhiger Atmosphäre und staunt nicht schlecht über die grandiose Auswahl an unterschiedlichsten Medien: Angeboten werden unter anderem mehr als 55.000 Bücher, über 4500 Musik-CDs, ca. 3800 DVDs, verschiedene Zeitungen sowie Zeitschriften (auch ausländische), kostenloses Surfen im Internet und ein gemütliches Literaturcafé (Zugang in der Via Severini) lädt zum Verweilen ein. Zusätzlich zu den Räumen zum Lesen und Lernen kann man in dem zauberhaften historischen Klosterhof unter blühenden, duftenden Bäumen im Schatten sitzen – ein Stück vom Paradies!

TIPP

Die Biblioteca Oliveriana in der Via Mazza 97 ist ein Museum mit regionalen archäologischen Funden.

Neben diesen herrlichen architektonischen Highlights gibt es einen weiteren wissenschaftlich belegten Grund für den Besuch der Bibliothek: Laut einer Studie der renommierten Yale University verlängert Lesen das Leben und macht glücklich. Wenn am nächsten Tag wieder die Sonne lacht, fällt es fast ein bisschen schwer, diesen ruhigen, entspannten einmaligen Kulturtreff gegen unterhaltsamen Badespaß in und an der blauen Adria einzutauschen. Beides hat eben seine Zeit.

● Biblioteca San Giovanni, Via Giambattista Passeri 102, 61121 Pesaro, Tel. +39 (07 21) 38 77 61 und +39 (07 21) 38 77 65

Majestätische Schönheiten

66 Gondelfahrt auf den Kanälen Venedigs

Venedig verfügt über rund 500 absolut zuverlässig funktionierende Glücksgaranten. Diese sind seit 1562 einheitlich schwarz, jeweils 10,85 Meter lang, 1,42 Meter breit, werden aus sieben verschiedenen Holzarten gefertigt und wiegen 400 bis 500 Kilogramm. Es handelt sich um Venedigs Gondeln, bedeutende Symbole der Stadt.

Die romantische Fahrt damit auf einigen der rund 170 Kanäle krönt jeden Venedig-Aufenthalt – ein Erlebnis, das nur die Serenissima bietet. Keiner hat je mitgezählt, wie viele Heiratsanträge hier gestellt wurden, geschweige denn wie viele davon mit einem Ja beantwortet wurden.

Wer in eine Gondel steigt und auf den charakteristischen, meist roten Samtsesseln Platz nimmt, beginnt eine unvergesslich schöne Reise in längst vergangene Zeiten. Dank der veränderten Perspektive lassen sich die glanzvolle Vergangenheit und die einmalig schöne Gegenwart der einstigen Seemacht völlig neu genießen. Die Fahrt führt vorbei an Palazzi, an denen selbst die abblätternde Farbe vergangener Epochen romantisch aussieht.

Der Gondoliere steuert das lautlos dahingleitende Gefährt mit seiner Forcola (Rudergabel) sicher und gekonnt auch durch sehr schmale, pittoreske Kanäle und unter niedrigen Brücken hindurch. Während die abwechslungsreiche Geschichte der Stadt langsam vorbeizieht, lässt die Hektik des Alltags allmählich nach und entspannte Ruhe tritt ein. Man verschmilzt beinahe mit dem Wasser und spürt jetzt intensiv den Geist der Serenissima.

Die prunkvollen Palazzi erzählen viele Geschichten: traurige, interessante, spannende, unterhaltsame, vor allem jedoch glückliche. Denn wer in der schönsten Stadt der Welt leben durfte oder lebt, dem steht das Glück sicher zur Seite. Wie großartig, dass man bei seinem Ausflug durch die verwunschenen Kanäle ein Stück dieses großen Glücks miterleben darf!

TIPP

Die Gondelfahrten sind zeitlich gestaffelt und kosten überall das Gleiche, egal von wo man startet.

● Gondelfahrt, Einstieg unter anderem entlang des Canal Grande, am Markusplatz, an den Anlegestellen San Polo oder Campo San Barnaba, vorab buchbar zum Beispiel unter www.gondola-rides-venice.com

GONDOLA
GONDOLA
DI RIALTO Self Service
Blue Marlin II

Vorhang auf

67 Teatro Communale „Carlo Goldoni“ in Corinaldo

Die traumhaft schöne Region Marken, deren Ostteil bis an die Adria reicht, punktet mit einer immensen Dichte an Theatern. Die meisten der rund 100 historischen Freudentempel übertreffen sich an bezaubernd schöner Innenausstattung. Beispielsweise das 1637 erbaute barocke Teatro Gioachino Rossini in Pesaro oder das Teatro Apollo (1887) in Mondavio, das seinen Platz in einer Kirche gefunden hat.

Auch das mittelalterliche Städtchen Corinaldo, das sich seit 2007 mit der Auszeichnung „Eines der schönsten Dörfer Italiens“ schmücken darf, beglückt mit seinem hübschen Theater. Für sein Teatro Comunale „Carlo Goldoni“ stand der Meister des feinen Humors, Carlo Goldoni (1707–1793), einer der bedeutendsten Komödiendichter des Landes, Pate. Das Schauspielhaus wurde zwischen 1861 und 1869 erbaut und ersetzte das alte Teatro del Sole.

„Klein, aber fein“ lautet hier die Devise: Klein, weil sich „nur“ 150 Zuschauer glücklich schätzen dürfen, von einer der (insgesamt) drei Balkonreihen aus einer Aufführung beizuwohnen. Fein wegen der internationalen, hochkarätigen Künstler. Sie treten hier gerne wegen der perfekten Akustik auf. Bei Bedarf ist es – danke modernster technischer Raffinesse – möglich, den Boden im Zuschauerraum auf Bühnenhöhe anzuheben. Dadurch kann der Theatersaal auch für andere Veranstaltungen, beispielsweise Tanzbälle, genutzt werden.

Vom Theaterhimmel, verziert mit wunderschöner blauer Deckenmalerei, schwebt ein riesiger Kronleuchter, dessen unzählige Glühbirnen wie Sterne am Firmament leuchten. Wenn dann langsam das Licht ausgeht, der schwere rote Samtvorhang sich majestätisch erhebt und die Musik einsetzt, ist das ein Moment voller großer Emotionen. Inmitten von Gleichgesinnten so viel Pracht und Schönheit erleben zu dürfen, ist schon ein wirklich außergewöhnliches Event, an das man sich lange danach noch erinnern wird.

TIPP

Nach dem Theaterbesuch trifft man sich noch in der Pizzeria La Bottega di Via Cimarelli (Via V. Cimarelli 50).

● Teatro Comunale „Carlo Goldoni“, Via del Corso 66, 60013 Corinaldo, Tel. +39 (03 38) 6 23 00 78, www.teatrocorinaldo.it

Städtisches Wohnzimmer

68 Caffè Centrale am Hauptplatz von Mondolfo

Nomen est omen! Oder andersherum ausgedrückt: Wer sich mit der vielversprechenden Bezeichnung „Centrale" schmückt, sollte das auch bitte sein! Das ausgesprochen charmante kleine Caffè Centrale ist es. Denn es liegt direkt am Hauptplatz im Altstadtkern des malerischen Örtchens Mondolfo.

Die Piazza Mario del Monaco wird – wie es sich für den zentralen Punkt eines Städtchens gehört – vom Rathaus, der Residenza Municipio, bewacht, einem trutzigen historischen Gebäude mit Turmuhr. Schräg gegenüber der weltlichen Macht repräsentiert die Chiesa Parrocchiale di Santa Giustina die kirchliche Autorität. Das Gotteshaus beherbergt die von den Einheimischen sehr verehrte Statue der Madonna della Misericordia.

TIPP

Das Carillon dell'antica posta, ein Glockenspiel am Corso della Libertà, erklingt täglich um 11, 12 und 18 Uhr.

Das Caffè Centrale ist nicht einfach nur ein Café. Es dient den Einheimischen als beliebter Ort für den Austausch von Neuigkeiten jeglicher Art und als Anlaufstelle für hungrige Gäste. Wer möchte, findet in dieser angenehmen Atmosphäre schnell Anschluss und wird herzlich in die Gemeinschaft aufgenommen. Historische Fotografien des Städtchens schmücken die Wände rings um die Bar – spannende Einblicke in Mondolfos Geschichte. Die Speisekarte ist überschaubar, dafür werden alle angebotenen Gerichte stets frisch zubereitet und schmecken ausgezeichnet.

Viele Einheimische nutzen das gemütliche, wohnzimmerähnliche Ambiente auch für private Feierlichkeiten wie Hochzeiten. Bevor man sich im feierlichen Rahmen in der Chiesa Parrocchiale di Santa Giustina oder der 1479 errichteten Chiesa San Sebastiano oder in der Chiesa San Gervasio, der Kirche des städtischen Schutzpatrons, den göttlichen Segen holt, trifft man sich mit der Hochzeitsgesellschaft ganz ungezwungen und locker auf einen Drink an der Bar. Wie viele Bräutigame an diesem Ort ihr kühnes, lebensveränderndes Vorhaben noch einmal nach dem ein oder anderen Getränk überdacht und sich umentschieden haben, weiß allein der Barkeeper, und der unterliegt natürlich strenger Schweigepflicht.

● Caffè Centrale, Via Torre 1, 61037 Mondolfo, Tel. +39 (3 47) 3 66 12 47

caffé
centrale
SALI E TABACCHI
VALORI BOLLATI

Goldfische in der Kirche

69 Krypta der Basilica San Francesco in Ravenna

Rom erfreut mit dem weltberühmten Trevi-Brunnen, der Glück und die Rückkehr in die ewige Stadt verspricht. Aber nur denjenigen, die eine Geldmünze mit der rechten Hand über die linke Schulter rückwärts in das Brunnenwasser werfen. Ob das mit dem Glück bei den Werfenden in Erfüllung geht, lässt sich nicht nachprüfen. Aber das mit dem erneuten Besuch in Rom scheint zu funktionieren, wie man an den unzähligen Touristen pro Jahr sieht.

In Ravenna hingegen bietet der Besuch der dreischiffigen Säulenbasilika San Francesco aus dem 5. Jahrhundert eine ausgezeichnete Gelegenheit, dem persönlichen Glück etwas nachzuhelfen. In dieser Kirche, die von den Franziskaner-Mönchen betreut wird, fand am 13. September 1321 die Trauerfeier für den berühmten italienischen Dichter Dante Alighieri statt. Das großzügig gestaltete Innere des Gotteshauses lädt auch wegen seiner Schlichtheit zu einer kurzen Pause oder Meditation ein. Die intensive, stille, einmalige Atmosphäre wusste wohl auch Dante zu schätzen, denn er suchte oft und gern diesen Ort auf. Heute hat hier die Moderne Einzug gehalten: Raffinierte Farbspiele werden mithilfe von Beamern in die Kuppel projektiert – spannend und wunderschön anzuschauen!

Der eigentliche Glücksort in dem Gotteshaus liegt jedoch unter dem Grundwasserspiegel, in der Krypta. Sie wurde während der Ausgrabungsarbeiten im Jahr 1879 entdeckt und bei der Gelegenheit wurde auch der zauberhafte ursprüngliche Mosaikboden gefunden. Da die Kirche im Laufe der Jahrhunderte wegen des weichen Bodens um rund 3,5 Meter abgesackt ist, hat sich über den antiken Mosaikfragmenten des ursprünglichen Kirchenbodens eine Art Süßwasseraquarium gebildet, in dem sich echte Fische tummeln.

Dabei handelt es sich um Goldfische – Symbole für Reichtum und Fruchtbarkeit. Wirft man eine Münze – ohne das strenge Reglement des berühmten römischen Pendants beachten zu müssen – zwischen die schwimmenden Glücksbringer ins glasklare Wasser, verdoppelt sich angeblich das Glück. Und das schadet sicherlich nicht!

TIPP

Seit 1990 veranstaltet Ravenna im Sommer ein Musik- und Opernfestival (www.ravenna-festival.org).

● Basilica di San Francesco, Piazza San Francesco 3, 48121 Ravenna

Wem die Stunde schlägt

70

Im Museo dell'Orologio in Chioggia

Bunte historische Häuser, schaukelnde Boote auf den Kanälen, verwunschene Gässchen – nein, das ist nicht Venedig, sondern die kleine Schwester namens Chioggia. Die New York Times bezeichnete 2022 das Fischerstädtchen als „reizende Alternative" zur Serenissima. In herrlich entspannter Atmosphäre lassen sich hier eindrucksvolle Sehenswürdigkeiten erkunden. So war beispielsweise die imposante Porta Garibaldi (1520) ehemals Teil der Stadtbefestigung. Auch heute noch gelangt man durch sie hindurch zur Altstadt. Bewacht wird das Tor von einem Relief, das den legendären venezianischen Löwen zeigt. Weiterhin überrascht der Palazzo Grassi aus dem 18. Jahrhundert mit einem bezaubernden Innenhof. Das Gebäude, typisch im venezianischen Stil, beherbergt heute das Adriatische Zoologiemuseum. Auch die Kirche Sant'Andrea am Corso del Popolo, nahe dem Hafen, das älteste religiöse Gebäude des Ortes, beglückt mit wunderschönen Fresken in seinem Inneren.

Neben dem Gotteshaus residiert der romanische, 30 Meter hohe Glockenturm Torre dell'Orologio, der mit einer absoluten Sensation aufwartet – der ältesten noch funktionierenden Turmuhr der Welt (zusammen mit der von Salisbury in England). Die Chioggiotti nennen ihren Torre deshalb auch „L'Orologio più Antico del Mondo". Im Inneren des Turms lädt das Museo dell'Orologio, ein kleines, abwechslungsreiches Uhrenmuseum, zu einer Reise durch die „Zeit" und die Geschichte der Stadt ein. Die Turmfenster bieten herrliche Ausblicke auf Chioggia mit seinen Kanälen bis hin zum Meer.

Das Museum animiert aber auch dazu, sich Gedanken über die eigene Zeit zu machen: Was möchte man mit seiner Zeit anfangen? Wo könnte man Zeit besser nutzen? Und warum verschenkt man so viel von ihr im Leben? Der große Schauspieler Peter Ustinov sagte zu Recht: „Jetzt sind die guten alten Zeiten, nach denen wir uns in zehn Jahren zurücksehnen." Daher am besten die glücklichen Momente bewusst genießen, damit man länger etwas davon hat.

TIPP

Der große Wochenmarkt an der Hauptstraße Corso del Popolo findet jeden Donnerstag von 8 bis 13 Uhr statt.

● Museo dell'Orologio, Corso del Popolo, 30015 Chioggia

Glück bringendes Wasser

71

Brunnen in der Fußgängerzone von Ancona

Die quirlige Stadt Ancona an der Riviera del Conero ist für viele nur der größte Passagierhafen der mittleren Adria für die Fähren, die beispielsweise nach Albanien, Kroatien, Griechenland oder in die Türkei übersetzen. Schade eigentlich, denn das Städtchen mit seinem charmanten Altstadtkern hat viele Sehenswürdigkeiten zu bieten. Wie schöne Brunnen, an denen man sich an heißen Sommertagen bei einem Bummel durch das historische Ancona gerne aufhält. Mal abgesehen davon, dass sprudelndes Wasser schon immer als Symbol für Reichtum, Erfolg und Glück galt, ist auch die Erfrischung nicht zu verachten.

Diese Eigenschaften gelten auch für die zauberhafte Fontana del Calamo o delle Tredici Cannelle am Corso Mazzini (Fußgängerzone). Das wundervolle Kunstwerk wurde einst direkt in die Stadtmauer integriert. Es ist aber nicht das Original aus dem Jahr 1503. Dieses wurde kurzerhand abgerissen, weil man die Steine für die Erweiterung des imposanten Palazzo degli Anziani an der Piazza Stracca benötigte, in dem jetzt der Gemeinderat residiert. Das heutige Aussehen des wundervollen Wasserspenders im verspielten Renaissance-Look entstand im Jahr 1560 und ist dem Maler und Architekten Pellegrino Tibaldi (1527 oder 1532–1596) zu verdanken.

13 heitere Bronzemasken (davon eine aus Stein) von sympathischen Satyrn und Faunen geben dem Brunnen seinen unverwechselbaren lebensfrohen Charakter. Aus den Mündern der lustigen römischen und griechischen Kreaturen sprudelt glasklares Wasser. Ihre gute Laune ist förmlich ansteckend. Jeder Waldgeist weiß etwas anderes zu erzählen. Macht man es sich am Brunnenrand bequem, kann man ihren unterhaltsamen Geschichten lauschen.

Aber der Brunnen bringt auch Glück! Denn es heißt, dass sich derjenige, der von dem Wasser trinkt, glücklich schätzen kann, weil er wieder nach Ancona zurückkehren wird. Daher also einen großen Schluck genießen und zur Sicherheit auch noch die eigene Wasserflasche auffüllen. Doppelt hält besser!

TIPP

Die Trattoria 13 Cannelle (Corso Giuseppe Mazzini 108) verwöhnt mit klassischer italienischer Küche.

● Fontana del Calamo o delle Tredici Cannelle, Corso Giuseppe Mazzini, 60121 Ancona

Beim heiligen Jakobus

72 Besuch der Chiesa San Giacomo in Cesenatico

Das zauberhafte Städtchen Cesenatico an der romagnolischen Riviera kann auf eine lange Geschichte als Badeort zurückblicken. 1865 wurden erste provisorische Umkleidehütten aufgestellt. 1878 entstand die erste Badeanstalt mit dazugehörigem Restaurant und Bar. Ab den 1950er-Jahren entwickelte sich der Ort zu dem gern besuchten Touristenzentrum, das er bis heute ist. Unzählige Hotels, Pensionen, Ferienwohnungen, Trattorien und Geschäfte entstanden. Unübersehbares Symbol für diesen wirtschaftlichen Aufschwung der Nachkriegszeit ist der 118 Meter hohe, 1958 aus Stahlbeton errichtete Wolkenkratzer an der Piazza Andrea Costa.

Heute übernachten in dem hübschen Ort jährlich über 3 Millionen Touristen aus der ganzen Welt, viele davon sind seit Jahren treue Stammgäste. Dem Örtchen ist es gelungen, sich seinen dörflichen Charakter zu bewahren. Dazu trug sicherlich auch die gelungene Umwandlung des historischen Ortskerns zur Fußgängerzone Anfang der 2000er-Jahre bei.

Äußerst charmant präsentiert sich auch die kleine historische Chiesa San Giacomo (St. Jakobskirche) am Porto Canale. Sie wurde von Fischern für Fischer errichtet, als Dank für ihre glückliche Heimkehr. Diese dankbare Stimmung ist im Gotteshaus mit seinen wunderbaren Wandmalereien bis heute zu spüren und überträgt sich auf seine Besucher. Zur angenehmen, fast schon heiteren Stimmung trägt sicherlich auch die Tatsache bei, dass man in dieser Kirche unter dem persönlichen Schutz des heiligen Jakobus steht, der bei den Einheimischen hohes Ansehen genießt. Und den man gerne aufsucht, wenn Sorgen und Nöte plagen oder wenn Lösungen bei anstehenden Problemen gesucht werden.

Der spirituelle Ort eignet sich aber auch hervorragend für eine kurze innere Reise zu sich selbst. Einfach mal abschalten, die traumhafte Ruhe genießen und Kraft sammeln – auch dafür ist ein Besuch beim heiligen Jakobus bestens geeignet.

TIPP

Das Patronsfest des heiligen Jakobus wird mit einem feierlichen Festzug am 25. Juli gefeiert.

● Chiesa San Giacomo, Via Giordano Bruno 2, 47042 Cesenatico

AVE SALUS POPULI

Das perfekte Bagno

73

Badeanstalt Hawaii-Beach 29 in Senigallia

Der goldschimmernde Sandstrand ist in Senigallia 14 Kilometer lang. Zahlreiche Veranstaltungen und Festivals laden hier während der Sommermonate ein und sorgen für glückliche Urlaubserinnerungen. So wie das internationale Festival „Summer Jamboree", eine Hommage an die 1940er- und 1950er-Jahre. Der ganze Ort ist dann eine riesige Musikparty – Mitmachen ist bei diesem Ausnahmezustand unbedingt erwünscht.

Wie an der nördlichen Adria üblich, reihen sich auch in Senigallia Bagno (Strandbad) an Bagno. Bis zum Horizont reichende kunterbunte Sonnenschirm- und Liegestuhlreihen, die jeden Morgen akkurat mit gleichen Abständen zueinander aufgestellt werden, Kinderspielplätze mit Klettergerüsten und farbigen Plastiktieren – ein bisschen Retro schwingt oft mit. Das richtige Bagno zu finden, ist bei dem großen Angebot eine Wissenschaft für sich!

Eines der Auswahlkriterien ist sicherlich die Optik des Strandbades: Das Bagno, welches aufgrund seiner Farbkombinationen von Sonnenschirmen und Liegen optisch gefällt, passt. Wie beispielsweise im Bagno Hawaii-Beach 29. Hier stehen leuchtend gelb-orange Sonnenschirme und knallgelbe Liegen im herrlichen farblichen Kontrast zum dunkelblauen Himmel. Allein schon dieser Anblick macht gute Laune.

Ferner sollte auch Gelegenheit für einen kleinen Snack zwischendurch gegeben, das Personal freundlich und der Strand gepflegt sein. Ein guter Draht zum meist braun gebrannten, durchtrainierten Bagnino (Bademeister) ist nützlich, denn der Halbgott in Badehose ist oft nicht nur beliebter Frauenschwarm, sondern unangefochtener Herrscher über das ganze Terrain. Sind all diese Voraussetzungen hier erfüllt, wird aus dem Bagno 29 ein absolut perfekter individueller Glücksort, an dem man herrliche Badetage nach eigener Façon genießen kann. Neben Wellness-Angeboten gibt es im Bagno 29 auch die beliebten Yogakurse am Strand, direkt vor der untergehenden Sonne. Da bekommt der „Sonnengruß" gleich noch eine andere Bedeutung!

TIPP

Die Brodetto senigalliese ist eine traditionelle Spezialität, eine Fischsuppe mit 13 Fischarten.

● Bagno Hawaii-Beach 29, Lungomare Goffredo Mameli 29, 60019 Senigallia

HAWAII
HAWAII

Handgemachtes Glück

74 Der Laden Pasta della Peppa in Fano

Mit dem Glück ist das so eine Sache – jeder will es haben, aber die wenigsten wissen, was man machen muss, um etwas davon zu ergattern. In der charmanten Hafenstadt Fano ist das Glück fast überall präsent. Auch im Namen des Ortes, der in römischer Zeit „Fanum Fortunae" (Heiligtum der Fortuna) hieß. Die Römer hinterließen im Ort sehenswerte Spuren, wie den imposanten Arco d'Augusto, den vollständig erhaltenen Augustusbogen (Stadttor, 1. Jahrhundert n. Chr.). In unmittelbarer Nähe macht der Anblick des prächtigen Renaissance-Portals der Kirche San Michele glücklich. Auf der Piazza XX Settembre schlägt das Herz des zauberhaften Städtchens. Rings um den Platz mit dem barocken Brunnen Fontana della Fortuna (Glücksbrunnen) reihen sich prächtige Palazzi aneinander, so wie das Teatro della Fortuna, das mit schöner Ausstattung und erlebenswerten Aufführungen beglückt. „Fatta a mano" (Handgemacht) steht über dem Geschäft Pasta della Peppa in der Via Cavour. In dem kleinen Laden formen „Sfogline", Frauen, die sich auf die hohe Kunst der Pasta-Herstellung nach traditionellen Methoden und Rezepten bestens verstehen, mit geschickten, erfahrenen Händen Glück in Form von unterschiedlichen Nudelsorten. Wer möchte, kann durch das große Schaufenster zusehen, wie diese kulinarischen Glücksboten entstehen. Bei der Zubereitung wird sehr viel Wert auf regionale Zutaten gelegt. Das Ausrollen des appetitlich goldgelben hauchdünnen Teiges, der „Sfoglia", darf ausschließlich nur mit dem guten alten Nudelholz vollzogen werden. Spezialität des Hauses sind unter anderem die Cappelletti, unterschiedlich gefüllte Teigtäschchen, den Tortellini ähnlich.

Die handgemachte Pasta braucht für wundervollen Genuss nicht viel: etwas Salbeibutter, etwas älteren Parmesan und einige von der Sonne geküsste Tomaten – fertig ist der Teller mit Glück. Der beste Beweis, dass man Glück auch selbst machen kann, eben „fatta a mano"!

TIPP

Die ausgezeichnete Osteria dalla Peppa (Via Vecchia 8) wird von dem Pasta-Shop stets frisch beliefert.

● Pasta della Peppa, Via Carvour 18, 61032 Fano, Tel. +39 (3 31) 8 29 34 94

ASTA DELLA PEPPA
FATTA A MANO
Pasta
PEPPA

Experimentell und verrückt

75

Das Teatro Sperimentale in Pesaro

Pesaro an der Adria ist mit seinem rund 4 Kilometer langen feinsandigen Strand beliebter Badeort für einen unterhaltsamen Urlaub. Aber das ist nur eine Facette des ausgesprochen vielseitigen Städtchens. Der berühmteste Sohn der Stadt, das Musikgenie Rossini, wurde hier geboren. Der italienische Mozart, wie er auch oft genannt wird, ist überall im Ort präsent: als Straßennamen, Namensgeber für Cafés, Restaurants und Torten, im Teatro Rossini, im Conservatorio Rossini, durch das „Rossini Opera Festival" im August oder im 2019 eröffneten Museo Nazionale Rossini, das mit seinen zehn Sälen den Meister ehrt.

Pesaro versteht sich als Stadt der Kunst und Kultur und freut sich deshalb über seine Auszeichnungen. Seit 2017 darf sich der Ort sowohl als „UNESCO-Kreativstadt der Musik" als auch als „Stadt, die liest" bezeichnen. Und wie heißt die italienische Kulturhauptstadt im Jahr 2024? Richtig geraten – Pesaro!

Wer in der Stadt seinen Urlaub verbringt, kann sich auf eine spannende kulturelle Reise begeben und dabei viel Interessantes, Neues und Gewagtes entdecken. Wie beispielsweise das 2020 eröffnete Sonsfera im Palazzo Mosca, ein ökoakustisches Theater, in dem man in ein glücklich machendes Klang- und Bildpanorama eintaucht – weltweit einzigartig. Oder die 1996 eingeweihte Vitrifrigo-Arena mit internationalen Veranstaltungen unterschiedlichster Genres.

Spannende Events verspricht auch das Teatro Sperimentale, ein experimentelles Theater für alle diejenigen, die offen für Neues und neugierig auf intimere Konzerte (mit besonders wenig Zuhörern), verrückte Tanzaufführungen, spritzige Shows, einfühlsame Lesungen oder andere Veranstaltungen sind, die nicht dem Mainstream entsprechen. Das Theater bietet in zwei Räumen Platz für insgesamt rund 550 Besucher und hat sich inzwischen als fester Bestandteil der regen Kulturszene von Pesaro etabliert. Es ist ein schöner Ort für alle, die die Welt nicht nur in Schwarz-Weiß sehen, sondern über bunt gemischte Vielfältigkeit glücklich sind.

TIPP

In der Osteria Pasqualon (Via Giordano Bruno 37) genießt man leckere Grillspezialitäten.

Teatro Sperimentale, Via Gioacchino Rossini, 61121 Pesaro, Tel. +39 (07 21) 38 75 48
www.teatridipesaro.it/luogo/teatro-sperimentale

TEATRO
22.23
Prosa
teatridipesaro.it
Concerti
per la
città
LICEO MUSICALE E COREUTICO G. MARCONI
COMUNE DI
SPERIME
TEATRO

Paradies in der Stadt

76 Pause auf der Piazza Cavour mitten in Ancona

Wenn eine Stadt so groß wie Ancona einer einzigen Person einen monumentalen Platz widmet, muss dieser Mensch eine wichtige Persönlichkeit sein und viel für die Allgemeinheit beziehungsweise das Land geleistet haben. Hat er ohne Frage! Die Rede ist von Camillo Benso conte di Cavour (1810–1861), einem bedeutenden Staatsmann, der unter anderem maßgeblich an der Schaffung des geeinten italienischen Nationalstaates sowie der italienischen Verfassung beteiligt war.
Der viereckige Platz liegt mitten in der schönen Altstadt nahe dem Hafen. 1861, nach der Vereinigung Italiens, setzten sich Bauingenieure zusammen, um die geplante Erweiterung von Ancona im Detail zu besprechen. Für die neue, 1868 eingeweihte Piazza Cavour wurden sage und schreibe 3 Hektar Land eingeplant. Glück für die heutigen Einwohner, denn das parkähnliche Areal mit seinen Grünflächen und farbenprächtigen Blumenbeeten hat sich zu einem erholsamen Paradies der Stadt entwickelt.
Die Platzmitte markiert das imposante Denkmal des Grafen von Cavour, geschaffen vom italienischen Bildhauer Aristodemo Costoli (1803–1871). Bei der Neugestaltung der Piazza (2014–2016) legte man gottlob auch Wert darauf, einige historische Elemente zu übernehmen, wie beispielsweise die Marmorbänke (19. Jahrhundert), die Bänke aus Gusseisen (1920er-Jahre), die alten Straßenlaternen und die gewölbten Zäune bei den herrlichen Blumenbeeten. Diese liebenswerten Details machen den Charme der Piazza aus und sorgen für angenehm positive Verweilatmosphäre. Eingerahmt wird der Platz von imposanten Palazzi aus dem 18. und beginnenden 19. Jahrhundert.
Die Anconitani lieben ihren Garten Eden und nutzen ihn gerne für Pausen vom Alltag. Zwischen uralten Palmen, die mit ihren breiten Wedeln angenehmen Schatten spenden, kleinen plätschernden Brunnen, die gerne von durstigen Vögeln besucht werden, und feuerroten duftenden Rosensträuchern lässt es sich aber auch gut ausruhen. Was für ein Glück, dass es diesen wichtigen Staatsmann gab!

TIPP

Die weiße Jugendstil-Bar The Coffey Way an der Piazza Cavour ist für ausgefallene Cocktails bekannt.

● Piazza Camillo Benso di Cavour, 60121 Ancona

Riech dich glücklich

77 Jasminduft in der Via Mentana in Ravenna

Dass bestimmte Düfte glücklich machen, ist wissenschaftlich längst bewiesen. Diese Aromen gelangen über die Nase in das Gehirn, stimulieren das Nervensystem und setzen damit glücklich machende Hormone frei.

Beim Besuch von Ravenna wird man an vielen Stellen von einem herrlichen starken Blütenduft begleitet, dem Jasmin. Dieser intensive Wohlgeruch wirkt nachweislich entspannend, öffnet das Herz und macht einfach glücklich. Die Pflanze, die sich gerne in purer Sonne räkelt, klettert an Mauern bis zu 10 Meter hoch und blüht von Juni bis in den Oktober hinein. Besonders dekorativ und kontrastreich kommen die kleinen weißen Blüten vor alten roten Ziegelsteinmauern zur Geltung. Man muss oft staunen, mit wie wenig Erde der zauberhafte fleißige Kletterer auskommt – eine schmale Ritze an der Steinmauer, wie etwa in der Via Mentana, genügt für das wohlriechende Gewächs, um fast bis in den Himmel zu wachsen.

Obwohl das von herrlichen Altbauten eingerahmte Sträßchen ziemlich kurz ist, hat es – neben dem Jasmin – etliches zu bieten. Wie das modern eingerichtete Restaurant Radici Cucina e Cantina (Nr. 23), in dem man unbedingt „Strozzapreti" (Pasta) mit Thunfisch probieren sollte. Oder der zauberhafte Blumenladen Venturi Rita (Nr. 35), der seit 1984 mit herrlichen Blumengrüßen erfreut.

Wenn man durch die Via Mentana bummelt und das wunderbare, betörende, fast schon erotisierende Aroma des Jasmins mit tiefen bewussten Atemzügen einatmet, werden sofort positive Gefühle freigesetzt. Vielleicht sind diese wundervollen Dufterlebnisse mit verantwortlich dafür, dass an der Adria das Leben leichter und sorgloser zu sein scheint. Vielleicht ist der Jasmin aber auch der Schlüssel zum Erleben des oft zitierten Dolce Vita – einfach mal ausprobieren und genießen!

TIPP

Jasmin gibt es auch in der Gärtnerei Vivai Patuelli Wilmer (Via Romea Vecchia 126) – schönes Mitbringsel!

- Jasmin, besonders schön in der Via Mentana, 48121 Ravenna
- ÖPNV: Bus 3, Haltestelle Piazza Caduti

Zurück in die Kindheit

78 Das antike Spielzeugmuseum von Senigallia

In dem Badeort Senigallia, der Mitte des 19. Jahrhunderts den Tourismus für sich entdeckte, ist für beste Unterhaltung gesorgt. Darüber hinaus erfreuen etliche Sehenswürdigkeiten, wie die trutzige Festung Rocca Roveresca, das wundervolle Kloster Santa Maria delle Grazie mit interessantem Museum oder die Rotonda a Mare, eine überdachte, ins Meer ragende Aussichtsplattform mit herrlichem Blick auf das Wasser und die Stadt.

In einem Gässchen der Altstadt liegt ein absolut magischer Ort, dessen Besuch garantiert prickelnde Glücksgefühle weckt: das zauberhafte kleine Museum für antikes Spielzeug mit angeschlossenem Minitheater (30 Sitzplätze) – das Museo del giocattolo Antico Teatro Fatati. Die liebevoll und mit viel Herzblut dekorierten Vitrinen – thematisch sorgsam geordnet – laden zu einer Zeitreise in die eigene Kindheit und die der Eltern und Großeltern ein. Gezeigt werden antike Exponate aus verschiedenen Ländern und Zeitepochen.

Der Anblick des ein oder anderen Spielzeugs weckt herrliche, vielleicht auch wehmütige Erinnerungen an glückliche Kindertage. Jedes Spiel, jede Puppe und jedes Blechauto erzählen ihre eigene, spannende Geschichte, beispielsweise die vom alten Teddybären mit abgewetztem Fell, der mit seinen haarigen Kumpels im hölzernen Bollerwagen einen Ausflug unternimmt. Was mag wohl in der alten Porzellanpuppe vorgehen, die mit ihren hübschen Kulleraugen sehnsuchtsvoll das bunte Karussell betrachtet? Ob die Freundinnen neben ihr bei der nächsten Runde mitmachen?

Etliche der gezeigten Exponate erinnern an persönliche Lieblinge aus der eigenen Kindheit. Sie waren oft für das eigene Glück verantwortlich, man konnte sie überallhin mitnehmen, sie gaben Sicherheit und waren Garanten für Vertrauen in sorgenvollen Zeiten. Wie schön, dass in diesem regionalen historischen Juwel diese glücklichen Zeiten noch einmal intensiv erlebt werden können.

TIPP

Im Teatro Museo Fatati finden auch kulturelle Veranstaltungen wie klassische Konzerte statt.

● Museo del giocattolo Antico Teatro Fatati, Via Maierini 13 (Ecke Via Pisacane 43–45), 60019 Senigallia, Tel. +39 (3 34) 1 53 27 83

Nichts für Kalorienzähler

79 Süße Tortenspezialität aus Ravenna

Italien verwöhnt mit köstlichen Kuchen, Torten und anderen süßen Leckereien: Tiramisu, der Dessert-Klassiker, Crostata (Mürbeteigkuchen mit Marmelade), Cantuccini (knusprige Mandelkekse), Torta della Nonna (Zitronenkuchen) oder die leckere Torta Caprese (Schokoladenkuchen), um nur einige zu nennen.

Aber es gibt eine Kuchenspezialität, die nicht so bekannt ist. Zum einen, weil es diese Rarität erst seit 2002 gibt, zum anderen ist der köstliche Gaumenschmeichler etwas Einzigartiges, das nur in Ravenna erhältlich ist: die Torta Teodora.

Benannt wurde die Kreation nach Theodora (um 500–548), der Gattin Kaiser Justinians I. (482–565), der ein rasanter Aufstieg aus dem horizontalen Gewerbe hin zur Kaiserin von Byzanz gelang. In der Kirche San Vitale kann man sehen, wie die Dame und ihr Hofstaat aussahen. Dieser bedeutende Kirchenbau, zwischen 537 und 547 erbaut und seit 1996 UNESCO-Weltkulturerbe, ist wegen seiner traumhaft schönen Mosaikausstattung berühmt. Unter anderem lassen sich im Apsisbereich Porträts von Kaiser Justinian, seiner Frau Theodora und deren Hofstaat entdecken.

Das Rezept für die Torta Teodora wurde von einer Gruppe lokaler Konditoren kreiert. Gekonnt sind hierin die Düfte und Geschmäcker Italiens mit denen des Orients vereint. Damit wird die einstige Verbindung der Stadt zum Osten auch in kulinarischer Form symbolisiert. Dennoch wurde bei der „Erfindung“ der Spezialität Wert auf die Verwendung hauptsächlich regionaler Produkte wie Pinienkernen, Butter, Maismehl und Eier gelegt. Für die orientalische Note sorgen gemahlene Mandeln und eine kleine Prise Zimt. Beinahe jedes Café in Ravenna bietet diese glücklich machende Spezialität an: wie die Pasticceria Ferrari di Savigni Roberta in der Via Mario Gordini 11, das Dolci Peccati in der Viale della Lirica 45 oder die Pasticceria Venezia. Gott sei Dank kann man die Lieben zu Hause an dem süßen Glück teilhaben lassen, denn – gut in einem Pappkarton verpackt – ist es ein wundervolles Mitbringsel.

● Torta Teodora, Pasticceria Venezia, Via Salara 15, 48121 Ravenna, Tel. +39 (05 44) 21 21 71, www.pasticceriaveneziana.it

DOLCI GESTI GENTILI
TREMARIE
ANTICA MARCA
Teodora

Was für eine Auswahl

80 Der Fischladen Trepptoni in Comacchio

Die knapp 22.000 Einheimischen des zauberhaften Örtchens Comacchio haben ein enges Verhältnis zur Adria. Der Fischfang war und ist wichtigster Wirtschaftsfaktor. In den Lagunen um den Ort spielen seit dem Mittelalter Aale die Hauptrolle, die hier gezüchtet wurden und werden. Viele Familien leben seit vielen Generationen von und mit dem Meer. Das Wissen über die Fischerei und die Adriafische, ihre Eigenheiten und Verarbeitung, das Wetter, die Besonderheiten der 8000 Hektar großen Lagunen Valli di Camacchio, Teil des 53.000 Hektar großen Naturschutzgebietes des Po-Deltas, und vieles mehr wird vom Vater auf den Sohn übertragen. Für dieses Fachwissen gibt es kein Lehrbuch oder keine Schule, es ist streng gehütetes Familiengeheimnis und für den Sohn eine Ehre, die Tricks vom Vater lernen zu dürfen. Wie beispielsweise folgende Goldene Regel: Solange sich die kleinen Krebse im Wasser tummeln, ist die Wasserqualität gut!

TIPP

Der moderne Captain Skatepark in der Viale Margherita hat unterschiedliche Schwierigkeitsgrade.

Das enge Verhältnis der Comacchiesi zum Meer merkt man im Ort auf Schritt und Tritt, denn in allen Lokalen und Imbissbuden werden diverse Fischspezialitäten wie „Anguialla Marinata“ (eingelegter Aal) angeboten. Die Pescheria Trepptoni ist nicht nur beliebte Anlaufstelle für Einheimische, sondern auch für Kunden aus Ferrara, die extra wegen der gigantischen Auswahl der fangfrisch angebotenen Meeresbewohner zu diesem kleinen überdachten Fischmarkt fahren.

Und wirklich, beim Anblick des ausgesprochen dekorativ drapierten superfrischen Angebotes verschlägt es einem den Atem! Hier hat man die Qual der Wahl. Was für ein Glück, dass das sehr freundliche Fachpersonal geduldig Fragen beantwortet und gern berät, was abends auf den Tisch kommen könnte. Auch wenn man nichts kaufen möchte, sollte man sich den Anblick der herrlichen imposanten Fischtheke gönnen. Denn dieser wundervolle, erlebenswerte Augenschmaus macht aus einer einfachen Fischhalle einen ganz besonderen, einzigartigen Glücksort. Wunderbar!

● Pescheria Trepptoni, Via Trepponti 34, 44022 Comacchio, Tel. +39 (05 33) 8 17 27

MENU
COZZE
SPECIALI

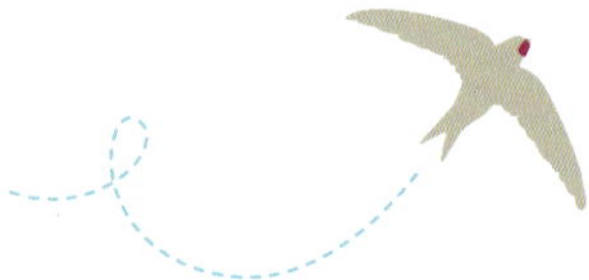

Bibliografische Informationen der Deutschen Nationalbibliothek
Die Deutsche Nationalbibliothek verzeichnet diese Publikation in der Deutschen Nationalbibliografie; detaillierte bibliografische Daten sind im Internet über http://dnb.d-nb.de abrufbar.

Konzeption/Satz: Droste Verlag, Düsseldorf
Einbandgestaltung und Illustrationen: Britta Rungwerth, Düsseldorf, unter Verwendung von Bildern von © Fotolia.com: jd – photodesign.de; © iStock: Plociennik Robert
Fotos: Heide Geiss, außer:
Museo del Bottone Santarcangelo di Romagna: S. 43; Museo del giocattolo Antico Teatro Fatati: S. 163; www.stock.adobe.com: S. 11 (Paulo), S. 113 (vvoe), S. 21 (alex9500), S. 31 (SeanPavonePhoto), S. 45 (Lindasky76), S. 47 (domeniconardozza), S. 53 (gabriffaldi), S. 61 (Daniele), S. 65, S. 87, S. 121 (claudiozacc), S. 77 (Mark Markau), S. 79 (Francesco Bonino), S. 85 (OlgaKhorkova), S. 91 (dudlajzov), S. 93 (JFBRUNEAU), S. 95 (elophotos), S. 101 (Renáta Sedmáková), S. 109 (cristian), S. 111 (ginettigino), S. 113 (Matthias), S. 119 (Stillkost), S. 127 (laura), S. 137 (maram), S. 141 (FPWing)

FSC www.fsc.org MIX Papier | Fördert gute Waldnutzung FSC® C011279

Druck und Bindung: LUC GmbH, Greven
ISBN 978-3-7700-2401-8

www.droste-verlag.de